AF862568

LE CHEMIN DE FER CONGO-OCEAN

ET LE DÉPARTEMENT DE LA BOUENZA

Études africaines
Collection dirigée par Denis Pryen

Dernières parutions

Yassine KERVELLA-MANSARE, *Pulaaku, Le code d'honneur chez les Peuls*, 2014.
Hamadou ADAMA (dir.), *De l'Adamawa à l'Adamaoua, Histoire, enjeux et perspectives*, 2014.
Mahamadé SAVADOGO, *Philosophie de l'action collective*, 2013.
Abou KANATE, *Radiographie du droit foncier en Côte d'Ivoire,* 2013.
Abou KANATE, *Le droit de la promotion immobilière en Côte d'Ivoire,* 2013.
François LAGARDE, *Mémorialistes et témoins rwandais*, 2013.
Gilchrist Anicet NZENGUET IGUEMBA (dir.), *Hommages à Pierre N'Dombi – Université Omar Bongo (Libreville)*, 2013.
Nathalie CASANOVAS, *Une destination pour un autre tourisme pour l'Afrique de l'Ouest*, 2013.
Georgin MBENG NDEMOZOGO, *La protection animale au Gabon*, 2013.
Djibril MAMA DEBOUROU, *BiƆ GƐra, entre mythe et réalité : le sens de son combat pour la liberté (1915-1917), La guerre coloniale au Nord du Dahomey*, 2013.
Mahamadou DANDA, *Niger, une décentralisation importée. Une comparaison avec la France*, 2013.
Miki KASONGO, *Repenser l'école en Afrique entre tradition et modernité*, 2013.
Lucie Zouya MIMBANG, *L'Est-Cameroun de 1905 à 1960. De la « mise en valeur » à la marginalisation,* 2013.
Gaspard-Hubert LONSI KOKO, *Ma vision pour le Congo-Kinshasa et la région des Grands Lacs*, 2013.
Stéphanie NKOGHE (dir.), *Anthropologie de la socialisation*, 2013.
Jean-Claude KANMOGNE TAMUEDJON, *Histoire de l'art pharmaceutique latin et de la pharmacie au Cameroun*, 2013.

Patrice Moundza

LE CHEMIN DE FER CONGO-OCEAN ET LE DÉPARTEMENT DE LA BOUENZA

L'Harmattan

Avec le concours
de l'Agence nationale de valorisation
des résultats de la recherche

Couverture :

En haut : Le train Air Pool à la gare de Madingou

En bas : Entreposage des sacs de manioc roui et de cossettes de manioc à la gare de Bouansa (Clichés P. Moundza)

REMERCIEMENTS

Nous exprimons notre profonde gratitude envers messieurs Bonaventure Maurice Mengho, professeur à l'université Marien Ngouabi et Koffi Ayéchoro Akibode, professeur à l'université de Lomé qui, par leur érudition, nous ont conduit à donner corps à ce travail.

Nous adressons nos sincères remerciements à :

- madame Yolande Berton Ofouémé, professeur et coordonatrice de la formation doctorale de géographie de l'université Marien Ngouabi,
- monsieur Joachim Emmanuel, Goma-Thethet, enseignant d'histoire à la faculté des lettres et des sciences humaines de l'université Marien Ngouabi,
- monsieur Gaston Samba, enseignant de géographie à l'École Normale Supérieure, pour leurs précieux conseils.

À tous nos interlocuteurs, toute notre reconnaissance.

© L'Harmattan, 2014

5-7, rue de l'École-Polytechnique, 75005 Paris

www. harmattan.com
diffusion.harmattan@wanadoo.fr
harmattan1@wanadoo.fr

ISBN : 978-2-343-02003-7
EAN : 9782343020037

AVANT-PROPOS

L'ouvrage que nous présentons est le résultat du remaniement de la thèse de doctorat unique de géographie que nous avons soutenue à Brazzaville, au début de l'année 2013, thèse intitulée « le Chemin de Fer Congo-Océan : facteur de structuration de l'espace dans le département de la Bouenza ».

Nous analysons la dynamique des rapports entre le Chemin de Fer Congo-Océan et le département de la Bouenza. Notre démarche relève de la géographie de l'espace vécu et fait ressortir l'ampleur du rôle de cette voie ferrée d'autant plus qu'elle favorise la circulation des biens et des hommes, rapproche la Bouenza des centres urbains et structure l'espace régional. Notre étude est à la fois thématique par la diversité des thèmes qu'elle aborde et régionale par l'espace qu'elle couvre. Elle montre que le Chemin de Fer Congo-Océan polarise l'espace du département de la Bouenza et engendre des mutations spatio-sociales et économiques créant un ensemble d'interactions qui relient espace et société dans ce département.

Ce travail peut être considéré comme une contribution au débat scientifique sur les questions de dynamique des espaces régionaux d'une part, et d'autre part sur la structuration des nœuds, les ressorts et les manifestations variés du rail sur les territoires urbains et ruraux du département de la Bouenza.

Il soulève beaucoup de questions notamment comment l'espace étudié a évolué et ce que devient le Chemin de Fer Congo-Océan avec le bitumage de la route nationale n° 1. Dans la construction dudit espace, le Chemin de Fer Congo-Océan crée des perméabilités de plus en plus intenses entre villes et campagnes. Il favorise les investissements des citadins en milieu rural et renforce le rôle des villes dans la modernisation de l'économie rurale.

Pour rejoindre B. M. Mengho, nous constatons que « de nouvelles formes de production sont alors apparues : vente de champs vivriers, tâcheronnage villageois, multiplication des domaines ruraux appartenant aux citadins, etc. Désormais l'argent circule de façon permanente entre la ville et la campagne »[1].

Patrice Moundza
Brazzaville, le 22 mai 2013

---

[1] B. M. Mengho, 1999 : « Les transformations de l'agriculture vivrière le long de la RN 2 au nord de Brazzaville », *Les Cahiers d'Outre-Mer*, 52 (207), Bordeaux, pp. 233-256.

INTRODUCTION

Le secteur des transports est fondamental dans la vie des sociétés modernes. Il met en relation les espaces et les acteurs. Les transports constituent un atout pour l'aménagement du territoire aux niveaux régional, national et local. En République du Congo, au niveau local, nous avons le cas du Chemin de Fer Congo-Océan dans le département de la Bouenza. Construit entre 1921 et 1934, il est long de 510 Km et relie Brazzaville à Pointe-Noire. Dans le département de la Bouenza, il dessert les gares de Loutété, Bouansa, Kimpambou-Kayes, Madingou, Bodissa, Nkayi, Moutéla, Loudima, Mont Bélo et Moubotsi. Le département de la Bouenza est limité au nord par le département de la Lékoumou, au sud par la République Démocratique du Congo, à l'est par le département du Pool et à l'ouest par le département du Niari (figure n° 1).

Le Chemin de Fer Congo-Océan traverse le département de la Bouenza sur 141 Km, de Loutété à Moubotsi, soit 28 % de sa longueur totale. C'est une infrastructure de grande envergure. Son influence sur la population, la croissance urbaine, l'économie, notamment l'agriculture et le commerce (acteurs, revenus, échanges) et sur la culture (mobilité, mentalités, modernisation de la vie), est certaine. Il nous a donc paru intéressant de voir comment il organise le réseau urbain et structure le réseau routier local, comment il contribue à l'essor des activités économiques et à l'amélioration du niveau de vie des populations, et comment il participe à l'évolution des valeurs et des mentalités dans le département de la Bouenza. Ce département constitue, comme les autres qu'il traverse, l'un de ses territoires immédiats.

Les territoires immédiats constituent l'espace géographique, économique et culturel proche, que contrôle le Chemin de Fer Congo-Océan. La notion de territoire immédiat est liée à celle de développement local. Le développement local est une démarche volontaire d'acteurs qui envisagent l'avenir de leur territoire. Ces acteurs œuvrent à l'amélioration des conditions de vie de leur territoire par le développement de l'emploi et la création des richesses. C'est avant tout une dynamique économique et sociale, voire culturelle qui crée ou revitalise les solidarités réelles ou présumées. En fait, l'approche du développement local s'intéresse au rôle de l'initiative par le bas[2].

Deux autres concepts sous-tendent notre travail : la dynamique urbaine et les mutations économiques et sociales. La dynamique urbaine concerne la naissance des villes, leur évolution, leur organisation et leur fonctionnement. La Bouenza est le département le plus urbanisé du pays. L'armature urbaine du département se structure le long de l'axe ferroviaire. Elle compte une commune urbaine (la quatrième ville du pays) et 6 communautés urbaines. Dans le contexte du Congo, les communautés urbaines sont des chefs-lieux de département et de district ou des localités choisis par les pouvoirs publics. La loi ne donne ni la définition de la communauté urbaine, ni les critères de choix des chefs-lieux de département et de district ou des localités. La communauté urbaine la plus peuplée, Impfondo dans le département de la Likouala, compte 33 911 habitants et la moins peuplée, Ongogni dans le département des Plateaux, 661 habitants.

Les mutations économiques sont définies comme les transformations qui affectent l'organisation et le périmètre de l'activité économique. Leurs causes sont diverses : apparition de nouveaux processus de production, de nouvelles demandes par les consommateurs, mais aussi de nouveaux concurrents dans le cadre des échanges commerciaux. Les mutations économiques constituent à la fois des opportunités qui se traduisent par l'apparition de nouvelles activités et donc par la création d'emplois. Dans son acception étroite, une mutation sociale est l'ensemble des changements intervenus dans la structure d'une société dans un certain laps de temps. Elle renvoie aux modifications qui se produisent dans les structures, les comportements sociaux et les mentalités.

---

[2] Katalyn Kolosy, 2006 : *Le développement local : réflexion pour une définition théorique du concept.* Version archivée le 02 avril du site/annuaire *horizon local* de Globenet. http://www.globenet.org/ Site visité le 27.1.2011.

Notre étude veut montrer comment une infrastructure de transport aide à la transformation de l'espace vu comme cadre de vie et d'action fondamental pour l'homme. Elle vise l'analyse des mécanismes de l'organisation de cet espace, du désenclavement de la région et du maillage démographique et économique du département favorisé par la voie ferrée. Le Chemin de Fer Congo-Océan contribue à l'amélioration des conditions de vie dans le contexte de lutte de plus en plus engagée contre la pauvreté, particulièrement la pauvreté rurale. Sans nul doute, des changements s'opèrent dans les activités, les méthodes et les stratégies pour s'adapter à un environnement naturel et humain local en pleine évolution. Il en a fait un espace fonctionnel où tout se tient et constitue un atout de l'aménagement du territoire et un soutien décisif aux échanges vitaux des populations comme le dit Émile Mérenne :

> Le secteur des transports est fondamental dans la vie des sociétés modernes où chacun se déplace continuellement, où la plupart des produits consommés viennent d'ailleurs et où circulent sans cesse les images, les informations et les idées. Que les transports s'arrêtent (pour cause d'intempéries ou de grève) et c'est toute la vie économique qui est mise en léthargie[3].

Le Chemin de Fer Congo-Océan apporte un changement de forme et de fonctionnement, ainsi que de la vitalité au département de la Bouenza. Dans ses rapports avec cet espace, il entraîne à la fois la mobilité spatiale, professionnelle, sociale et résidentielle de la population locale. Il influence aussi l'organisation du paysage agraire. Son rôle est déterminant dans les rapports géographiques entre les agriculteurs, les commerçants, les transporteurs et le territoire agricole. On est passé d'une agriculture vivrière ou de subsistance à une agriculture de marché qui suppose une ouverture commerciale sur la ville, à travers la vente directe, du producteur au consommateur, des produits qui échappent à l'autoconsommation. Ainsi, le Chemin de Fer Congo-Océan impulse et diffuse le processus d'amélioration constante et

[3] E. Mérenne, 1995 : *Géographie des transports*, Paris, Editions Nathan, p. 3.

durable des conditions de vie des populations du département de la Bouenza.

Dans la conduite de notre étude, nous avons donc tour à tour exploré l'axe ferroviaire (Nkayi, Loudima, Madingou, Bouansa, Loutété), les parties nord (axe Bouansa-Mouyondzi) et sud (axe Loutété-Mfouati) du chemin de fer. Nous avons aussi fait usage des techniques de transect et procédé par l'observation directe et des entretiens. Nous avons, par ailleurs, réalisé aussi une enquête de trafic routier.

Sur le plan théorique, plusieurs travaux consultés ont conduit de manière particulière notre réflexion. Nous nous appuyons sur plusieurs travaux antérieurs portant sur l'ensemble du pays, le département de la Bouenza, la vallée du Niari et le Chemin de Fer Congo-Océan. Les travaux de l'Institut de Recherche pour le Développement (ex-ORSTOM) forment une part importante de notre fonds documentaire.

Ainsi, dans sa thèse *De l'Atlantique au fleuve Congo. Une géographie du sous-peuplement. République du Congo. République Gabonaise (1966)*, Gilles Sautter estime que la vallée du Niari a offert aux exploitants agricoles un bon terrain d'application avec des atouts naturels, un milieu humain particulièrement réceptif et le meilleur équipement économique disponible au Congo, bien évidemment appuyé par le Chemin de Fer Congo-Océan. Il traite cet espace de vallée aux mille espoirs où produire et vendre deviennent la grande affaire des villages.

Pierre Vennetier, dans son étude intitulée *Pointe-Noire et la façade maritime du Congo-Brazzaville* (1968), examine entre autres questions le rôle de la voie ferrée dans le domaine de l'approvisionnement de la ville de Pointe-Noire, une ville démesurée au sein d'une région pauvre, obligée d'aller chercher très loin son ravitaillement quotidien, et en particulier dans l'hinterland vivrier de Brazzaville[4].

Dans un ouvrage intitulé *à propos de développement rural en Afrique noire* publié en 2007, Pierre Vennetier, Bonaventure Maurice Mengho et Yolande Berton Ofouémé évoquent, entre autres, les problèmes du monde rural congolais.

Le comité national de lutte contre la pauvreté au Congo a produit le *Document de stratégie de réduction de la pauvreté* (DSRP), en 2007. Cette étude est sous-tendue par les objectifs du millénaire

---

[4] P. Vennetier, 1968 : *Pointe-Noire et la façade maritime du Congo Brazzaville*, p. 325.

notamment celui qui s'intitule Réduire l'extrême pauvreté et la faim. Il ressort de celle-ci que les infrastructures de transport (routier, ferroviaire, aérien, fluvial et maritime) sont pour la plupart dans un état défectueux. L'entretien et la réhabilitation ne se font pas régulièrement. Cette dégradation des infrastructures est à la base de la détérioration des conditions de vie des populations. À bien regarder les conclusions du document stratégique de réduction de la pauvreté (DSRP), l'objectif principal pour réduire le niveau de pauvreté rurale est de créer un environnement propice au développement durable du milieu rural qui permet d'assurer le bien-être des populations. Dans cette perspective, le Chemin de Fer Congo-Océan est l'une des infrastructures qui aident à réaliser les principales stratégies envisagées, à savoir : la revitalisation du tissu villageois, l'amélioration de la qualité de la vie, la création d'un environnement favorable à la création de l'entreprise et la valorisation des potentialités économiques et des ressources humaines.

Cette étude procède, au bout du compte, à la lecture de l'espace, de la vie et des activités modelées par le chemin de fer dans le département de la Bouenza et même dans les départements voisins comme la Lékoumou et le Pool. Elle présente successivement l'armature urbaine et la structuration de l'espace régional, les voies de communication et les transports terrestres, l'agriculture vivrière, les activités commerciales et les mutations sociales induites par le Chemin de Fer Congo-Océan dans la Bouenza.

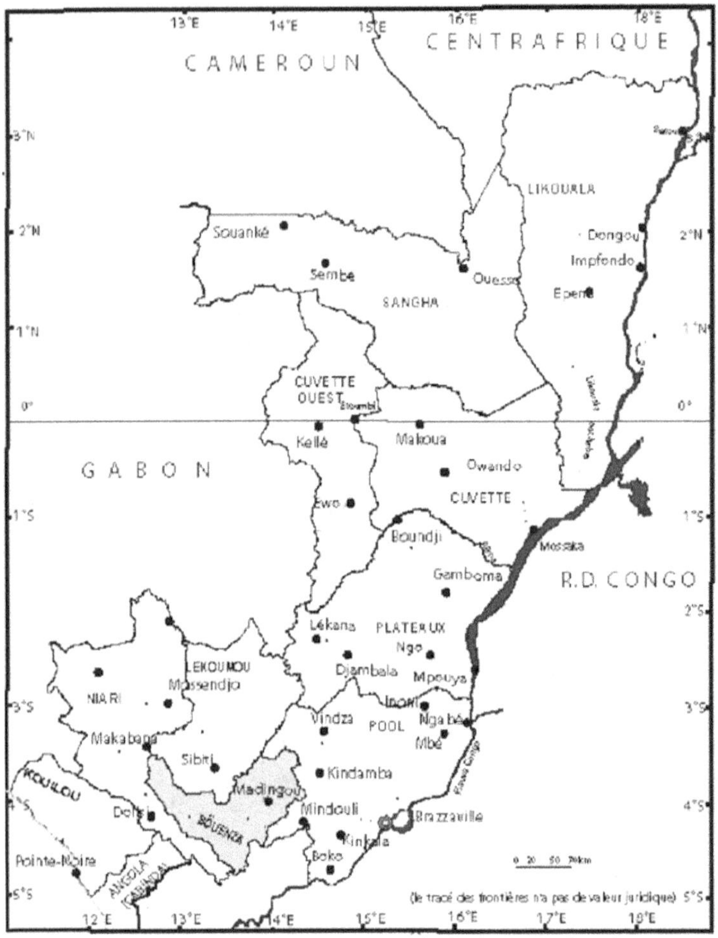

Figure n° 1 : Situation du département de la Bouenza dans l'espace congolais

L'ARMATURE URBAINE ET LA STRUCTURATION DE L'ESPACE REGIONAL

Le Chemin de Fer Congo-Océan traverse des régions peuplées du sud. Très vite, il est devenu un axe de fixation des populations grâce à l'attrait des gares et des centres industriels qui l'accompagnent[5]. En 1974, le département de la Bouenza comptait 6 districts : Boko-Songho, Loudima, Madingou, Kayes, Mfouati, Mouyondzi et 3 postes de contrôle administratifs (Kingoué, Mabombo, Tsiaki) rattachés au dernier district ci-dessus cité. Le chef-lieu dudit département est Madingou, situé à cheval sur le Chemin de Fer Congo-Océan et la route nationale n° 1. Actuellement, le département de la Bouenza compte une commune urbaine (Nkayi), six communautés urbaines et 10 districts. Nkayi est devenu commune urbaine en 1962. Tous les postes de contrôle administratifs (PCA) ont été transformés en districts en 1995 et les communautés urbaines ont été créées en 2005. La figure n° 2 présente l'organisation administrative du département de la Bouenza.

---

[5]F. Anglade ; Bahjat Achikbache, 1988 : « L'attraction démographique des centres urbains au Congo », *Les Cahiers d'Outre-Mer*, 41 (161), Bordeaux, pp. 41-60.

Figure n° 2 : Carte administrative du département de la Bouenza. Extrait de la carte administrative du Congo réalisé par P. Moundza

Aperçu sur la population du département de la Bouenza

Le département de la Bouenza compte 309 119 habitants (2007). Il est l'un des plus peuplés du Congo. Il présente la plus forte concentration démographique, après Brazzaville (1 373 382 habitants) et Pointe-Noire (715 334 habitants). La population du département de la Bouenza est jeune dans son ensemble. Les groupes d'âge de moins de 15 ans constituent 48,7 % de celle-ci. Les adultes représentent 41,6 % et les vieux, 9,7 %. Les femmes y sont légèrement plus nombreuses (52 %) que les hommes (48 %).

La commune de Nkayi et les communautés urbaines regroupent 163 789 habitants. La population urbaine représente 53 % contre 47 % pour la population rurale. Le département de la Bouenza est donc assez fortement urbanisé. Sur 52 communautés urbaines que compte le pays, le département de la Bouenza en abrite six dont quatre (Bouansa, Loudima, Loutété, Madingou) sont situées sur la voie ferrée et deux (Mouyondzi et Mabombo), à l'intérieur du département, au nord de la voie ferrée. Les localités de Loudima, Loutété, Madingou, Mouyondzi et Mabombo sont à la fois des communautés urbaines et des chefs-lieux de district.

Le tableau I montre l'évolution de la population des agglomérations urbaines du département de la Bouenza qui est passée de 86 649 habitants en 1984 à 109 766 en 1996 et à 163 789 en 2007. Ce sont les localités de Nkayi, Madingou et Bouansa qui ont connu l'augmentation la plus importante de leur population. En 1996, le département de la Bouenza comptait 37 localités de 500 à 1 000 habitants contre 19 en 1974. On y dénombre actuellement 15 localités dont la population est comprise entre 1 000 et 2 000 habitants. Ces grands villages se concentrent dans le district de Mouyondzi. Nous citons par exemple Moudzanga 2 (2 757 habitants), Louboto (3 015 habitants), Mpanga (1 846 habitants), Moussanda (1 047 habitants), Mayalama (1 330 habitants).

Tableau I : Évolution de la population urbaine de 1984 à 2007

N°	Agglomérations urbaines	1984	1996	2007
1	Nkayi	37 442	46 727	71 620
2	Madingou	10 703	16 592	25 713
3	Bouansa	6 319	10 557	19 064
4	Mouyondzi	7 037	10 233	12 695
5	Loutété	9 196	15 868	19 212
6	Loudima	8 855	14 323	14 130
7	Mabombo	-	1 101	1 355
8	Mont Bélo	4 222	-	-
9	Mfouati	2 875	-	-
Total		86 649	109 766	163 789

Source : C.N.S.E.E., RGPH 1984, 1996, 2007

Le Chemin de Fer Congo-Océan et l'armature urbaine

Le Chemin de Fer Congo-Océan et l'armature urbaine structurent l'espace dans le département de la Bouenza. Ils exercent une attraction et un effet d'entraînement sur l'ensemble dudit département. Ainsi, l'armature urbaine et la localisation des activités motrices, source d'initiatives, de projets et d'opportunités de développement local, font apparaître trois pôles dans le département de la Bouenza (figure n° 3) :

• la dorsale ferroviaire: c'est le pôle le plus important. Il s'étire le long du chemin de fer. Il s'active autour des gares de Loudima, Nkayi, Madingou, Bouansa. Il assure les fonctions de transit régional, de commerce de gros et demi-gros ;

• le pôle de Mouyondzi : il est situé au nord de la voie ferrée. Il couvre aussi bien les districts de Mabombo, Tsiaki, Kingoué et rayonne sur le sud-ouest du département du Pool notamment sur les districts de Kimba, Vindza et Kindamba. Il a pour vocation le commerce de demi-gros et de détail, ainsi que la collecte de produits agricoles (manioc, banane, arachide) et d'élevage ;

• le pôle de Mfouati/Boko-Songho : il se développe au sud de la voie ferrée. Ce pôle est embryonnaire. Son évolution dépend plus étroitement de l'exploitation minière et de la production agricole axée sur la culture du haricot que de l'impact direct du chemin de fer.

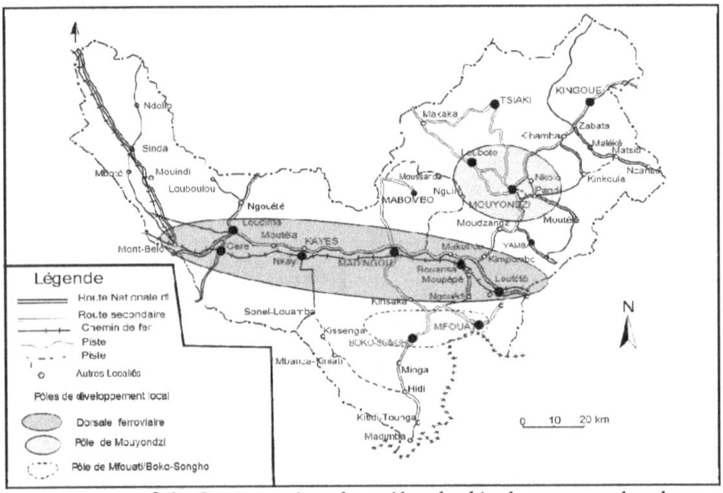

Figure n° 3 : Structuration des pôles de développement local

Au regard de ce schéma, dans le département de la Bouenza, le producteur, le transporteur et le commerçant de demain devraient être instruits, persévérants, pourvus d'une bonne culture d'entreprise et bons meneurs du développement local induit par le Chemin de Fer Congo-Océan. La relation du paysan, du transporteur et du commerçant au chemin de fer évolue. Son incidence s'ouvre, entre autres, sur l'élaboration d'un nouveau type de terroir dans le milieu rural de la Bouenza dans lequel la limite sociale et économique entre le citadin et le paysan tend à se mouvoir ou à s'effacer. Cette relation rend donc compte de l'importance de cette infrastructure pour les populations du département de la Bouenza.

La dynamique urbaine le long du Chemin de Fer Congo-Océan

La voie ferrée, comme le dit Pierre Vennetier, a entraîné le développement de petits centres qui ont exercé une certaine attraction, et dont les aspects humains doivent être dégagés. Les agglomérations ferroviaires qui s'échelonnent le long du Chemin de Fer Congo-Océan se sont formées à partir du double courant migratoire issu des déplacements internes des populations locales venant s'installer individuellement ou en groupe à proximité des gares et de l'arrivée des allogènes recrutés dans des régions plus lointaines par les entreprises travaillant près du chemin de fer (chantiers forestiers, exploitations aurifères). Le rail a donc suscité, outre les premiers grands mouvements d'hommes, la naissance de nouveaux flux économiques[6].

Au commencement, la population des gares a toujours été extrêmement hétérogène, et l'impossibilité de recruter suffisamment d'ouvriers sur place en était la cause. Peu à peu, le regroupement des villages s'est renforcé en 1934, après la construction du chemin de fer. L'administration coloniale avait imposé aux populations, même lointaines, de venir peupler les voies d'accès au Chemin de Fer Congo-Océan, créant ainsi d'importants mouvements migratoires. Cette opération avait été initiée par la France en guerre (1914-1918) et en mal de ravitaillement en produits alimentaires et en auxiliaires de guerre, obligeant le regroupement des villages proches de la piste de portage. Gilles Sautter évoque cette situation lorsqu'il dit que l'achèvement du CFCO avait attiré une immigration importante tout au long de son tracé, en partie issue de la fixation de travailleurs du chantier et d'employés du chemin de fer, en partie d'immigrants déplacés autoritairement par le gouverneur

---

[6] P. Vennetier, 1968 : *Pointe-Noire et la façade maritime du Congo- Brazzaville,* Paris, ORSTOM, 458 p.

Antonetti, depuis le nord de la plaine vers le chemin de fer. Dans la vallée du Niari, les gares de Loutété, Le Briz, Madingou, Loudima, Jacob et Kayes comptaient plus de 3 000 habitants chacune en 1953[7]. La double origine de la population rassemblée dans les gares et l'évolution qu'elle a subie ont eu pour résultat une situation démographique un peu particulière, qui se situe souvent à mi-chemin entre celle des villages et celle des villes.

Les destinations de prédilection des migrants originaires du département de la Bouenza sont Pointe-Noire (35,3 %) et Brazzaville (29,2 %) aux extrémités du Chemin de Fer Congo-Océan. Ils sont faiblement attirés par la ville Nkayi où ils ne sont que 11,7 %. Selon les résultats du recensement général de la population de 1984, la population native de la ville de Nkayi présente une forte propension à migrer. En effet, sur une population native totale de 27 919 habitants, les migrants représentent 11 982 personnes, soit 42,9 %. Dans l'ensemble de la Bouenza, sur 80 437 migrants, 20 792, soit 25,8 %, sont retournés dans leur circonscription administrative de naissance. Bien plus, à Nkayi, 5 249 migrants sur 11 982 sont revenus, soit 43,8 %. Ceci montre à juste titre que la Bouenza développe une forte capacité de rétention de sa population[8].

Les gares ferroviaires rassemblent 110 964 habitants soit 46,9 % de la population totale du département. Elles constituent l'ossature de l'armature urbaine du département de la Bouenza. Le réseau urbain du département de la Bouenza s'articule le long du Chemin de Fer Congo-Océan. Du point de vue démographique, les gares du département de la Bouenza peuvent être classées en deux groupes :

- *Les grandes gares (plus de 10 000 habitants) :* Nkayi, Madingou, Loutété, Loudima et Bouansa. Toutes les localités de plus de 10 000 habitants sont donc des gares ferroviaires. Seule Mouyondzi ne se situe pas sur le Chemin de Fer Congo-Océan. Le tableau II présente ci-dessous la répartition de la population des grandes gares.

---

[7] G. Sautter, 1966 : *De l'Atlantique au fleuve Congo. Une géographie du sous-peuplement.* Paris, pp. 626-629 ; 765-766.

[8] Congo, CNSEE, *Recensement Général de la Population et de l'Habitat*, 1984.

Tableau II : Population des grandes gares ferroviaires

N°	Gares	1974	1984	1996	2007
1	Nkayi	26 957	36 540	46 727	71 620
2	Madingou	8 114	10 539	16 644	25 713
3	Loutété	4 883	9 309	15 868	19 212
4	Loudima	8 725	9 034	14 323	14 130
5	Bouansa	2 281	6 319	10 579	19 064
Total		50 960	71 741	104 141	149 739

Source : CNSEE, RGPH 1974, 1984, 1996, 2007

- *Les petites gares (moins de 5000 habitants)* : Mont Bélo, Moubotsi, Ditadi, Moutéla, Bodissa et Kimpambou-Kayes (tableau III). La population de Mont Bélo s'élève à près de 4 000 habitants tandis qu'aucune autre localité de ce groupe n'atteint 1000 habitants. Ditadi, Moutéla, Bodissa et Kimpambou-Kayes ne sont en réalité que des escales ferroviaires dont la vie et les activités étaient en berne pendant les années de troubles sociopolitiques.

Tableau III : Population des petites gares ferroviaires

N°	Gares	1974	1984	1996
1	Mont Bélo	112	4 223	3 800
2	Moubotsi	879	1 156	892
3	Ditadi	95	-	754
4	Bodissa	126	-	703
5	Kimpambou-Kayes	151	533	674
6	Moutéla	17	34	498
Total		1 380	2 146	7 321

Source : CNSEE, RGPH 1974, 1984, 1996

La population des gares ferroviaires a régulièrement évolué sauf celle de Mont Bélo et Moubotsi qui a légèrement baissé entre 1984 et 1996. Cela s'explique par le fait que ces deux gares dépendaient largement des activités du chemin de fer de la Compagnie Minière de l'Ogooué (COMILOG) qui a cessé ses activités sur le territoire congolais en 1991, après la catastrophe ferroviaire de Mvoungouti dans le Mayombe survenue le 5 mai de cette année-là. Dans l'ensemble, la figure n° 4 ci-dessous montre comment se présente la répartition des agglomérations urbaines dont le plus grand nombre est constitué par les gares ferroviaires, dans le département de la Bouenza.

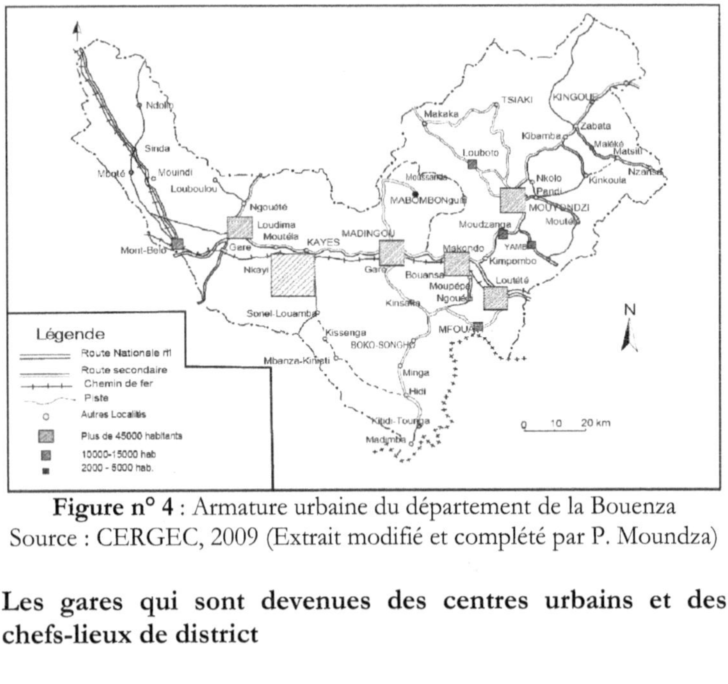

Figure n° 4 : Armature urbaine du département de la Bouenza
Source : CERGEC, 2009 (Extrait modifié et complété par P. Moundza)

Les gares qui sont devenues des centres urbains et des chefs-lieux de district

Nkayi : la plus grande agglomération urbaine du département

Nkayi, la ville principale du département de la Bouenza, est situé entre 4° de latitude Sud et 13° de longitude Est, dans le centre sud de la République du Congo. Bâti sur le Chemin de Fer Congo-Océan, à 262 Km de Brazzaville, la capitale, et 248 Km de Pointe-Noire, la ville portuaire, Nkayi est la quatrième ville du pays. De sa fondation jusqu'au début des années 1970, la ville s'appelait Jacob, du nom de son fondateur, un colon français. Elle prit le nom de Nkayi en 1975. Elle est l'unique centre agro-industriel du pays grâce à sa compagnie sucrière, la Société Agricole de Raffinage Industriel du Sucre (SARISCONGO). La Société Agricole de Raffinage Industriel du Sucre est une société anonyme au capital de 7,850 milliards de francs dont 68,0 % des parts sont détenus par la SOMDIAA, filiale du groupe des Grands Moulins de Paris, et 34,0 % par l'État congolais. Née sur les cendres de la SIAN (1954-1970), de la SIACONGO (1970-1978) et de la SUCO (1978-1991), SARISCONGO a été créée en 1991. Elle poursuit la culture de la canne à sucre sur une superficie de plus de 14 000 ha. Elle assure le raffinage et le conditionnement du sucre dans son usine de Moutéla. Sa production annuelle est de l'ordre de 100 000 tonnes. La place qu'elle occupe dans l'économie nationale fait d'elle l'une des plus grandes industries agroalimentaires du Congo et la seule qui pourvoit en plusieurs emplois la ville de Nkayi et les contrées environnantes. Elle emploie actuellement 2000 permanents et 5 000 saisonniers par campagne.

Historique de la ville de Nkayi

Florence Bernault qualifie l'agglomération de Jacob-Kayes de ville-dortoir de l'usine sucrière de la SIAN[9]. Selon elle, cette agglomération a connu une ascension foudroyante jusqu'à devenir le troisième centre urbain du Moyen-Congo entre 1957 et 1965. À son avis, l'exode rural ne sépara pas la ville de la campagne. Au contraire, la fréquence des visites au village, les liens familiaux et culturels entretenus entre citadins et ruraux lièrent bien plus qu'ils n'isolèrent les deux lieux d'habitat. Les flux migratoires, exaspérés dans les années 1950, contribuèrent à relier ces deux lieux.

C'est avec la grande organisation générale du Moyen-Congo de 1910 que fut réellement reconnu Kayi, le village du chef de terre Ngouma Mouandza, village habité par la famille Kivoundza. Le nom de la famille que portait le village disparaît en faveur de celui du chef organisateur Kayi Dia Ngouma. Ainsi, le village s'appellera Bula bwa Mâ Kayi, c'est-à-dire le village de l'oncle Kayi (actuel district de Kayes).

En 1915 avec le regroupement des villages imposé par le Gouverneur Général Merlin, le village Kayi s'appelle désormais

Kayi Madi. En 1932, la station ferroviaire de Kayes est ouverte. En 1933, Ottino installe une féculerie de manioc dans cette localité, provoquant une arrivée massive des populations. Le nom du village glisse en Kayes. L'arrêté du Gouverneur Général Raphaël Antonetti du 17 janvier 1934 attribue des noms nouveaux à neuf (09) stations du Chemin de Fer Congo-Océan dont Kayes qui devient Jacob, en souvenir de monsieur Léon Jacob, Ingénieur qui réalisa le premier tracé du CFCO[9]. Entre 1935 et 1956, l'implantation de l'usine de fécule remplacée par l'huilerie de Kayes et la construction de la sucrerie de Jacob auront pour conséquence un attrait sur la population et une concentration relativement importante sur ce site des populations venant de Kayes et des régions environnantes. En 1957, on procède au lotissement de Jacob.

Le poste de contrôle administratif (PCA) de Jacob est créé par décret n° 59/196 du 24 septembre 1959. En 1962 la commune de Jacob est établie comme commune de plein exercice par décret n° 62/346 du 25 décembre 1962. De poste de contrôle administratif, Jacob devient une sous-préfecture par décret n° 62/436 du 29 décembre 1962. Cinq ans plus tard, la sous-préfecture de Jacob est transformée en district par décret n° 67/243 du 25 août 1967. Mais il y aura encore une cohabitation administrative entre la commune et le district. Le district a son siège dans la commune et ses administrés hors de celle-ci. En 1975, avec le vent de la nationalisation et de la débaptisation, la ville de Jacob s'appelle désormais Nkayi. En 1977, le district est délogé de la commune et implanté sur le site actuel de Kayes-Ottino. Après la conférence nationale souveraine de 1991, le district de Kayi prend l'appellation de Kayes.

La France en guise de reconnaissance des services rendus par Ottino, ingénieur de ponts, chaussées et viaducs, pendant la construction du CFCO, l'autorise à prendre dans la vallée du Niari une terre qu'il pourrait exploiter. Il choisit de s'installer à Kaye Madi (actuel district de Kayes). À son installation, il amène avec lui des engagés qu'il avait recrutés à son passage à Sibiti, Komono et Zanaga. Les Manianga venant de la République Démocratique du Congo seront engagés ainsi que les autochtones. C'est ainsi que

[9] 9 F. Bernault, 1996 : Démocraties ambiguës en Afrique centrale. Congo-Brazzaville, Gabon : 1945-1965, p. 55.

la population de la ville de Nkayi s'est mise en place. En 1966, l'arrivée massive des femmes « zaïroises » donnera naissance à plusieurs unions conjugales libres et très diversifiées et à des familles[10]. On y trouvait aussi quelques Européens. Ainsi, la culture de la canne à sucre a été à l'origine de la naissance de la ville de Nkayi.

À Kayi (actuel Kayes), non seulement qu'il fallait obéir aux instructions du gouverneur général, mais une chose attirait les gens, le recrutement organisé par Ottino, qui maintenait les populations à leur arrivée sur le lieu. Ottino s'était installé à Kayes où il avait obtenu 7600 hectares sur lesquels il fit des cultures de manioc. Après un essai de mécanisation jugé non rentable, il en revint à l'achat du manioc cultivé par les villageois. Ce manioc dont les rendements atteignaient douze à quatorze tonnes par hectare était transformé dans une féculerie. Le produit était vendu en France[11]. L'entreprise fut très prospère surtout avec la guerre. L'après-guerre étant difficile, Ottino abandonne la culture du manioc pour celle de l'arachide. Plus tard il met en place une huilerie. Quelques années après, ses actions sont vendues à un groupe représenté par Louis Vilgrain. Ainsi, arrive la Société Industrielle Agricole du Niari (SIAN). Ce groupe continue avec la culture de l'arachide et plus tard commence à réaliser des essais de culture de canne à sucre. La réussite de ces différents essais aux environs de l'actuelle ville après les échecs de la culture de l'arachide l'amène à s'engager directement dans cette nouvelle culture. L'inauguration de la première sucrerie en 1956 eut pour conséquence l'installation de la population aux alentours. Ceci attira les populations environnantes. La politique engagée par la SIAN était d'importer la main d'œuvre, et avec l'inauguration de la SOSUNIARI (1964-1965), la canne à sucre plantée demandait une main- d'œuvre importante. C'est ainsi qu'on a assisté à une importation massive de main-d'œuvre de la République Démocratique du Congo, de l'Angola et du Cabinda, après qu'on eut épuisé celle des périphéries et des régions voisines. Ceci entraîne une augmentation rapide de la population de Nkayi.

---

[10] Entretien avec Mouanda Victoire, chef du clan Kivounda, propriétaire foncier du site de la ville de Nkayi.

[11] ORSTOM, 1965 : *Quinze ans de travaux de recherche dans les pays du Niari. Étude synthèse, 1949-1964*, p. 175-176.

L'influence économique de la SIAN est certaine sur la croissance démographique et sur le mélange de la population au point de faire de cette agglomération une ville cosmopolite. Nkayi (ex-Jacob), village de 600 âmes en 1954, est devenu la 4ème ville du pays grâce à son complexe agro-industriel[12]. En 1962, outre les étrangers, les populations environnantes représentées sont largement dominées par le groupe Kongo dans lequel les plus nombreux dans la ville sont les Basundi, les Bakamba et les Béembé.

La population de Nkayi est passée de 28 957 habitants en 1974 à 36 540 en 1984, 46 727 en 1996 et 71 623 en 2007. Au regard du tableau ci-dessous, la population de la ville de Nkayi, à l'instar de celle du département de la Bouenza, évolue régulièrement. Elle a pratiquement doublé en moins d'un quart de siècle, entre 1984 et 2007, comme le présente le tableau IV, ci-dessous.

Tableau IV : Évolution comparée des populations de la Bouenza et de Nkayi

Années	1974	1984	1996	2007
Bouenza	117 759	187 143	236 566	309 119
Nkayi	28 957	36 540	46 727	71 620
Congo	1 319 790	1 909 248	2 590 811	3 695 579

Source: CNSEE, RGPH 1974, 1984, 1996, 2007

L'analyse du tableau V fait voir que, dans la ville de Nkayi, les effectifs des personnes âgées de 0 à 14 ans sont passés de 50,26 % à 41,55 % de 1984 à 2007 tandis que ceux des personnes âgées de 15 à 59 ans ont inversement augmenté. Les personnes âgées de 60 ans et plus représentaient à peine 3,65 % de la population totale de la ville.

[12] P. Vennetier, 1991 : « Urbanisation et développement dans les pays tropicaux », Bordeaux, *Espaces tropicaux*, n° 4, 200 p.

Tableau V : Population de Nkayi par groupes d'âges en 1984 et 2007

		1984		2007	
N°	Age	Effect.	%	Effect.	%
1	0- 14 ans	18 367	50,26	29 760	41,55
2	15-59 ans	17 518	47,94	39 242	54,80
3	60 ans et +	655	1,80	2 618	3,65
4	Total	36 540	100	71 620	100

Source : CNSEE, RGPH 1984 et 2007
(Données statistiques traitées)

Le paysage urbain de Nkayi

La ville de Nkayi est limitée au nord par le fleuve Niari, au sud par la deuxième voie parallèle à celle qui longe l'usine SARIS 1, à l'est par la rivière Divouba et à l'ouest par la rivière Louari. Elle couvre une superficie de 8 Km^2. Son périmètre est divisé en deux grandes zones : une zone naturelle et une zone urbaine. La zone naturelle est constituée par les plantations de canne à sucre de SARIS-CONGO et un espace agricole pouvant recevoir des cultures vivrières, maraîchères et des vergers. La zone urbaine se présente en trois secteurs : une zone administrative, une zone d'habitation et une zone industrielle. La ville est subdivisée en deux arrondissements : l'arrondissement 1, Mouananto, et l'arrondissement 2, Soulouka. Son plan cadastral est en damiers comme le présente la figure n° 5. Les constructions sont faites de matériaux durables : brique cuite et tôle ondulée (photo n° 1).

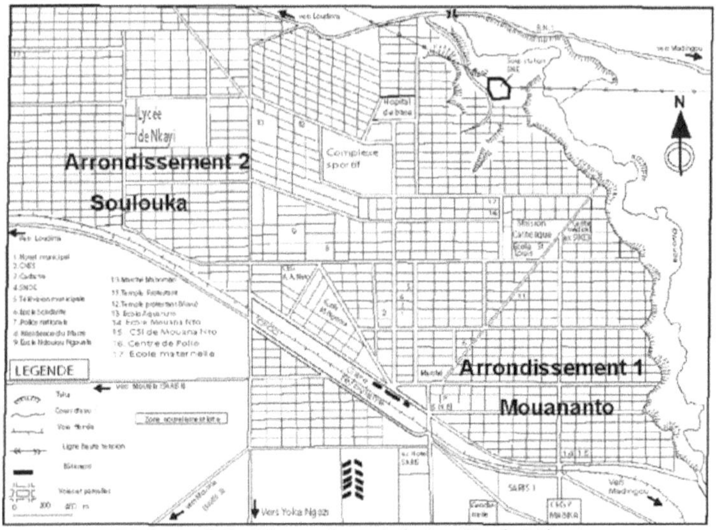

Figure n° 5 : Plan cadastral de la ville de Nkayi

La ville de Nkayi a bénéficié de l'installation des sociétés industrielles agricoles parmi lesquelles l'huilerie de Nkayi (Huilka) créée en 1936 et la sucrerie du centre en 1956, où seuls les services de l'agglomérerie et de l'ensachage du sucre sont en fonctionnement. La sucrerie et la raffinerie de Moutéla (SARIS 2) à 15 Km en allant vers la gare ferroviaire de Loudima, créées en 1965 avec la raffinerie incorporée en 199, la Minoterie d'Aliments de Bétail (MAB) anciennement appelée Grands Moulins du Congo (GMC), l'usine de broyage de blé et de production aujourd'hui transformée en maïserie et production d'aliment de bétail furent à l'origine de la croissance économique et de l'extension de la ville.

Nkayi ressemble actuellement à un grand village pollué par la poussière ocre aux conséquences inévitables sur la santé de ses habitants. Après la pluie, le déplacement à pied est difficile à cause de la boue argileuse présente dans toute la ville. C'est avec joie et soulagement que les populations ont accueilli le bitumage de l'avenue du 31 décembre 1969 (photo n° 2).

Longue de 1,6 Km, elle mène de la gare à l'hôpital de base, en passant devant l'hôtel de ville. Les travaux ont coûté 4 milliards de F CFA. Pour exprimer sa satisfaction, le préfet du département de la Bouenza a déclaré que le bitumage de la principale avenue de

Nkayi est un acte reflétant l'avant-goût de la municipalisation accélérée de la Bouenza. La gare ferroviaire, l'avenue du 31 décembre 1969 et l'hôtel de ville constituent les éléments dominants du paysage urbain de Nkayi.

Des activités commerciales florissantes

Antoine Mabounou dans ses travaux conclut de manière ferme que Nkayi dispose d'un poids économique incontestable et joue un rôle polarisateur dans le développement régional. Nkayi joue ce rôle à la fois comme centre industriel mais aussi comme poumon de toute l'économie régionale, impulsée par le Chemin de Fer Congo-Océan[13]. Effectivement, par l'industrie sucrière, Nkayi est au cœur de la vie économique du département de la Bouenza. En effet, SARIS-CONGO tient la ville et assure des expéditions de l'ordre de 20 à 30 wagons de sucre par mois.

Nkayi détient le monopole du commerce de gros dans le département de la Bouenza. L'activité commerciale se concentre autour du marché central situé à 500 mètres de la gare. Avec une capacité de plus de 1 500 tables achalandées de produits de toutes sortes, le marché central reste le centre de gravité de l'activité commerciale de la ville. Les boutiques y forment une sorte de ceinture. Comme cela apparaît dans le tableau VI, elles regroupent essentiellement le commerce général (62,8 %), la quincaillerie (23,2 %), l'alimentation, la parfumerie et la téléphonie mobile (14 %). Elles sont tenues, en majorité (83,7 %), par des étrangers notamment des Ouest-Africains (Sénégalais, Maliens, Mauritaniens) et aussi des Libanais. Le secteur du commerce de détail est, en outre, représenté par de petits kiosques disséminés dans la ville.

[13] A. Mabounou, 1988 : *Structures sociopolitiques et économiques de la Bouenza (1896-1946)*. Paris VII, 1582 p.

Tableau VI : Répartition des boutiques autour du marché central de Nkayi

N°	Activités	Étrangers	Nationaux	Total
1	Commerce général	24	03	27
2	Quincaillerie	10	00	10
3	Autres	02	04	06
Total		36	07	43
Pourcentage		83,7 %	16,3 %	100 %

Source : Enquêtes personnelles, 2006

Près du tiers des vendeurs des marchés de Nkayi arrivent des localités environnantes : Kayes, Dakar, Kimpambou, Kiosi, etc. Plusieurs commerçants de Mouyondzi, Bouansa, Loutété, Madingou, Boko-Songho et de bien d'autres localités de l'intérieur du département de la Bouenza viennent s'y approvisionner.

Les déplacements sont favorisés par une circulation routière interurbaine intense et régulière. Nkayi constitue la première place commerciale du département de la Bouenza. Par son influence régionale, elle favorise l'éclosion du commerce de détail en milieu rural.

Sur l'ensemble du département, nous avons dénombré 375 boutiques. La majorité de ces boutiques (76,8 %) se trouve dans les gares du Chemin de Fer Congo-Océan contre 23,7 % à l'intérieur du département (figure n° 6). Contrairement à la situation de Nkayi, le plus grand nombre de ces boutiques, 275, soit 73,3 %, appartient à des Congolais et une centaine (26,7 %), à des étrangers. Les boutiquiers étrangers se concentrent dans les gares ferroviaires notamment à Nkayi, 48 %, Loutété, 22 %, et Loudima, 10 %. Les femmes propriétaires de boutiques représentent à peine 9 %.

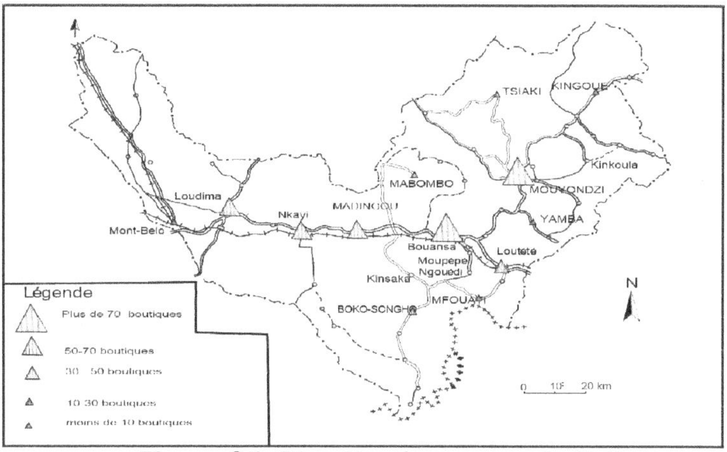

Figure n° 6 : Répartition du commerce de détail dans le département de la Bouenza

Le budget municipal de Nkayi

Pour faire face à tous les problèmes de gestion municipale et d'infrastructures urbaines, la mairie de Nkayi dispose d'un budget annuel de l'ordre de 750 millions de francs CFA. Le tableau VII montre comment ce budget a évolué entre 2000 et 2011.

Tableau VII : Évolution du budget municipal de Nkayi entre 2000 et 2011

N°	Années	Montants (F CFA)	N°	Années	Montants (F CFA)
1	2000	524 526 783	7	2006	700 000 000
2	2001	557 171 000	8	2007	800 000 000
3	2002	800 000 000	9	2008	912 540 000
4	2003	1 041 000 000	10	2009	851 000 000
5	2004	1 052 000 000	11	2010	950 000 000
6	2005	945 000 000	12	2011	1 221 901 518
Moyenne annuelle					752 769 815,25

Source : Conseil municipal de Nkayi, 2011

Aux dires des autorités municipales, ce budget est très insuffisant car, dans cette ville, tout est à faire, à commencer par les voies et réseaux divers. L'augmentation qui apparaît dans le tableau ci-dessous, en 2003 et 2004, est plutôt liée à l'installation et au fonctionnement du conseil municipal issu des élections locales de 2002 et à la nouvelle organisation administrative de la commune. En effet, la création de trois nouveaux postes à la direction du conseil municipal, la scission de la commune en deux arrondissements et la nomination des collaborateurs ont engendré de nouvelles charges financières. La baisse de 2009 est due à la suppression de certaines taxes tandis que l'augmentation de 2011 s'explique par l'apport d'une subvention spéciale de 240 millions pour l'assainissement de la ville.

Madingou : gare ferroviaire et chef-lieu du département de la Bouenza

Madingou est le chef-lieu du département de la Bouenza. Bâtie sur un relief plat, cette agglomération est structurée en deux entités : Madingou-poste et Madingou-gare. Sa population s'élève à 25 713 habitants selon le recensement général de la population de 2007. Madingou-poste est le centre administratif où se trouvent tous les services publics, le siège de la préfecture et celui du conseil départemental. Il présente un paysage marqué par des bâtisses coloniales et des constructions un peu plus récentes datant du premier plan quinquennal. Pendant le plan quinquennal 1982-1986, à la faveur du boom pétrolier, les pouvoirs publics ont entrepris la construction de logements et de bâtiments administratifs dans tous les chefs-lieux des départements du pays. Autour du noyau administratif, se sont greffés des quartiers populaires comme Dakar, Bakongo et Moukoko-Tadi. Ensuite sont apparus de nouveaux quartiers aux noms évocateurs : quartier Capable, quartier Fonctionnaires. Madingou-poste, traversé par la route nationale n° 1, Brazzaville-Pointe-Noire est distant de Madingou-gare de 5 Km. Madingou-gare, comme l'indique son nom, est situé sur la voie ferrée. Entre les deux espaces, existait une sorte de *no man's land* qui a été progressivement conquis par les lotissements. Madingou-gare a connu une extension anarchique avec des rues étroites et en cul-de-sac où errent cabris, moutons, porcs et volailles. Il se subdivise en plusieurs quartiers dont Mabombo, Mboukoudou, Kimpambou, Kinshasa, Manzaou. Grâce à la gare ferroviaire, Madingou demeure la plaque tournante des districts de Boko-Songho et Mabombo.

Loudima : porte du département de la Lékoumou

La localité de Loudima est un important carrefour qui, par le Chemin de Fer Congo-Océan, ouvre le département de la Lékoumou sur les grandes villes du pays, à savoir Pointe-Noire et Brazzaville. Loudima fut le chef-lieu de la circonscription de Bakuni en 1909, chef-lieu de la circonscription du chemin de fer en 1921. Fermé par manque d'administrateur, le district de Loudima fut rouvert en 1946. Loudima compte 14 130 habitants (RGPH 2007). C'est une gare ferroviaire très active. L'agriculture est la principale activité économique de la ville.

La localité de Loudima se subdivise en deux entités distantes de 5 Km : Loudima-gare et Loudima-poste. Loudima poste abrite les structures administratives de la localité, notamment le siège de la sous-préfecture. Loutété, comme Loudima, et Mouyondzi restent en grande partie sous l'emprise commerciale de Nkayi. Par ailleurs, la presque totalité des districts du département entretient des relations commerciales avec la ville. C'est ainsi qu'on trouve à Nkayi la banane de Mabombo, le haricot de Boko-Songho et Mfouati, l'arachide, le manioc, le foufou de Mouyondzi, de Tsiaki et Yamba. Le département de la Lékoumou n'échappe pas non plus à l'influence de Nkayi comme en témoignent l'ouverture de la gare routière et le marché Mabombo qui reçoivent des voyageurs et des produits en provenance de ce département.

Les gares qui sont devenues des centres urbains mais ne sont pas des chefs-lieux de district

Loutété : une vie économique axée sur la cimenterie et l'activité ferroviaire

En allant à Pointe-Noire, Loutété est la première gare du département de la Bouenza. Cette localité est née sur un site collinaire et s'étend le long de la voie ferrée. La population active de Loutété se concentre dans le secteur primaire à 88 %. Les secteurs secondaire et tertiaire occupent respectivement 3 % et 9 % de cette population (figure n° 7). La localité de Loutété doit son dynamisme à la cimenterie et à la gare ferroviaire, structures autour desquelles gravite toute sa vie économique et sociale. Près de 10 000 emplois, tous secteurs confondus, dépendent justement de la cimenterie et de l'activité ferroviaire. Loutété est la capitale du ciment congolais. La cimenterie a permis la relance des activités de la gare, du commerce et des transports. Elle reprit ses activités en 2002, après une interruption de 6 ans due aux troubles sociopolitiques qui ont frappé le département de la Bouenza. Elle emploie 40 techniciens chinois, 200 travailleurs congolais et produit 800 à 1000 tonnes par jour.

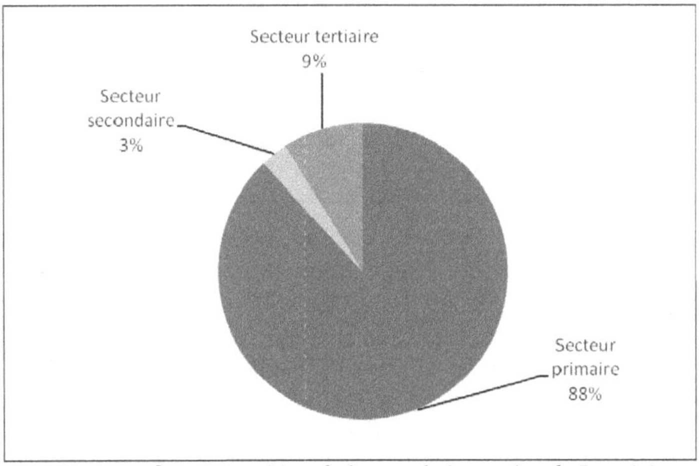

Figure n° 7 : Répartition de la population active de Loutété

Unique société de fabrication du ciment en République du Congo, la Société Nouvelle des Ciments du Congo a entrepris l'extension de la cimenterie pour augmenter la capacité de production de son usine. Disposant d'une quantité de vente de 100 000 tonnes, la société veut augmenter sa production pour satisfaire la demande locale et mettre ainsi un terme à la spéculation des prix sur les marchés, notamment à Brazzaville et dans le Nord-Congo. En dépit des difficultés de tous genres rencontrées, notamment au niveau du transport et de la carence en matières premières (fuel et gypse), la Société Nouvelle des Ciments du Congo prévoit d'augmenter sa production de plus de 50 %.

L'expédition du ciment, des produits vivriers et des polymétaux donne de l'intensité à la manutention et au petit marché du soir installé aux abords de la gare. La manutention comprend le chargement, le déchargement et le rangement du ciment. Elle est assurée par des jeunes gens robustes dont l'âge varie entre 18 et 35 ans. Ces jeunes travaillent dans des véhicules qui transportent le ciment de l'usine à la gare. Ils sont payés à la tâche, à raison de 100 F CFA le sac de ciment de 50 kg, selon les cas, par le transporteur ou le propriétaire du ciment. Dans les années 1980, ils étaient payés à 25 puis 50 F CFA le sac, soit 500 et 1000 F CFA la tonne contre 2000 F CFA actuellement.

Le chargement du ciment à destination des grands centres urbains du pays se fait à deux endroits. Le gros chargement a lieu directement à l'usine. Celle-ci est située à deux kilomètres de la gare. Elle est reliée à cette dernière par une voie ferrée de service. À la demande de la cimenterie, le Chemin de Fer Congo-Océan lui fournit des wagons pour le transport de son produit. Toutefois, la cimenterie possède une locomotive et quelques wagons qui assurent la liaison entre l'usine et la gare et même jusqu'à Brazzaville dans certains cas.

Le caractère aléatoire de la manutention rend précaire ce type d'emploi. Pour preuve, les membres d'un groupe apprécient très mal l'arrivée d'un nouveau, craignant la multiplication des parts dans le partage journalier des revenus et même la réduction des chances d'emploi des plus faibles car des faibles, il y en a quand même. Parfois, des bagarres éclatent suite à quelques malentendus.

D'après certains récits, avant la construction de la cimenterie, Loutété ne représentait rien dans l'économie du Congo. Aujourd'hui, c'est l'une des villes industrielles du pays. Tout a commencé avec l'installation de la cimenterie domaniale de Loutété (CIDOLOU) grâce à la coopération entre la République Populaire du Congo et la République Fédérale d'Allemagne. Achevée fin 1969, elle occupait 683 salariés. La CIDOLOU envisageait de couvrir les besoins nationaux et de pouvoir exporter environ 25 % de sa production. La mauvaise gestion et les difficultés de trésorerie ont très vite entraîné un déficit de 200 millions de francs CFA dès 1972 avec pour conséquence immédiate des arrêts de production.

Détruite en 1983 par un incendie, la cimenterie a été réhabilitée et remise en service en 1985. Il convient de signaler qu'à l'occasion des troubles sociopolitiques de 1998-1999 elle a subi un autre incendie dont elle s'est remise grâce à la coopération chinoise qui l'exploite aujourd'hui sous le nom de Société nouvelle des ciments du Congo (SONOCC). Aux dires des uns et des autres, il prévaut un mauvais climat entre la direction de la société et les travailleurs d'une part, et entre la société et les populations de Loutété d'autre part. Les travailleurs reprochent à leurs dirigeants le non-respect du contrat de travail. De leurs côtés, les populations déplorent le fait que la nouvelle direction de cette société ne respecte pas le cahier des charges.

Des commerçants et entrepreneurs des pays du Niari ou de Brazzaville, de plus en plus nombreux, possédant ou louant des camions de marque Mercedes, Berliet ou Renault, viennent s'approvisionner à l'usine même. Cette activité fait concurrence au Chemin de Fer Congo-Océan et pourrait s'amplifier à la fin de la construction et du bitumage de la route Loutété-Brazzaville.

La Société Nouvelle des Ciments du Congo entreprend des actions en faveur des populations en matière d'éducation, de santé et d'emploi des jeunes. Elle contribue à l'amélioration des conditions de vie de la population de Loutété, en particulier, et du département de la Bouenza, en général. Dans cette optique, la société a fait don de médicaments et de ciment, et a procédé à la réhabilitation du réseau de distribution d'eau potable à l'hôpital de Loutété. Au plan du développement éducatif, une assistance multiforme a souvent été apportée aux élèves de l'école primaire afin de créer de meilleures conditions d'apprentissage. La Société Nouvelle des Ciments du Congo s'investit également dans la construction de puits, de routes et de ponts en bois, pour faciliter la mobilité des personnes et des biens entre Loutété et Nkayi. Le volet social est complété par le volet sportif avec le soutien au sport des jeunes de Nkayi. La vie urbaine s'organise donc autour de la gare ferroviaire, du marché et de la station des motos-taxis. Les motos *Djakarta* assurent le transport des personnes à l'intérieur des agglomérations et vers les villages environnants. Les tarifs varient entre 250 et 500 F CFA dans la ville, et dépassent 1000 F CFA à l'extérieur.

Bouansa, une cité carrefour

L'agglomération urbaine de Bouansa est bâtie sur une plaine entourée de collines, entre les rivières Bouansa et Sangha. Elle est limitée au nord par le Monastère, au sud par le village Miengué, à l'est par le village Kimbenza-Ndimba et à l'ouest par celui de Mansoumba. Bouansa, gare du Chemin de Fer Congo-Océan, est une localité située à 210 Km de Brazzaville et à 300 Km de Pointe-Noire. Elle met en contact le rail, la route nationale n^0 1, les routes départementales et les pistes agricoles. Sa population est de 19 064 habitants (RGPH 2007). À sa création, elle s'appelait Le Briz. Elle est devenue Moukoukoulou et Bouansa après. Elle tire son nom de la rivière Bouansa qui coule à l'est de la localité.

Un centre urbain dynamique

Bouansa est le poumon économique du district de Madingou. Le dynamisme de sa population a fait de cette localité l'une des poches importantes du bassin vivrier du département de la Bouenza. Grâce à la gare ferroviaire, Bouansa joue un rôle considérable dans les échanges commerciaux. Entre la place de la gare et le marché moderne en construction, nous avons recensé 20 boutiques en 2012 dans lesquelles on trouve divers produits manufacturés et cosmétiques, ainsi que des boucheries. Plus de la moitié desdites boutiques (65 %) appartiennent à des nationaux dont 5 femmes et 8 hommes. Le reste (35 %) est tenu par des étrangers notamment des Ouest-Africains. Nous avons compté aussi cinq quincailleries tenues par des hommes dont trois Congolais et deux Ouest-Africains.

Bouansa dispose de l'essentiel des équipements collectifs urbanisants. On compte huit écoles primaires, un collège d'enseignement général public et deux collèges d'enseignement général privé appartenant respectivement à l'Armée du Salut et à l'Église Évangélique du Congo, un marché central. Il y a deux structures de santé à Bouansa. La première est celle du Monastère qui jouxte une petite pharmacie. Elle a été créée en 1962 par les moines catholiques. La deuxième est le centre de santé intégré ouvert dans les années 1990. Il existe aussi de petits cabinets médicaux privés.

Sur le plan économique, il existe des structures de microfinances spécialisées dans le transfert de fonds, l'épargne et le crédit, et des maisons de prestation de services informatiques. Il y a aussi des hôtels dont le plus grand est le *Globe Terrestre*, situé en face de la gare ferroviaire. Quelques boulangeries modernes et traditionnelles ravitaillent les populations locales et celles des villages environnants en pain. Sur la grande avenue bitumée de la ville, on compte une dizaine de petits restaurants qui servent essentiellement des spécialités locales. Les prix des plats varient entre 250 et 2000 F CFA. Dans nos enquêtes, nous avons aussi dénombré sept salons de coiffure dont 5 pour dames.

La communication téléphonique est assurée à Bouansa par deux sociétés de téléphonie mobile, à savoir MTN Congo et Airtel. Ceci a développé dans la localité les petits métiers de vente de crédits de recharge et de services d'appels publics. Ainsi, nous avons compté seize cabines téléphoniques. Bouansa dispose aussi d'une télévision locale, lui permettant de se connecter à la chaîne nationale Télé Congo.

Les voies et les réseaux divers

La ville de Bouansa a un plan en damiers avec des rues larges et droites. La presque totalité des maisons est construite en briques cuites et très peu en parpaings. Le ciment n'est que très rarement utilisé pour le renforcement des joints entre les briques et pour crépir les murs des maisons. Toutes les maisons sont couvertes de tôles ondulées. La ville de Bouansa dispose d'une artère principale goudronnée (photo n° 2). Longue de 3 Km environ, elle part de la place de la gare et va jusqu'au Monastère, lieu de jonction avec la route nationale n° 1. Le reste de la voirie urbaine n'est pas aménagé. L'électricité consommée à Bouansa est fournie par la Société Nationale d'Électricité. L'artère principale est éclairée par des lampadaires. Sur l'axe du centre de santé intégré, 34,3 % des maisons d'habitation sont électrifiées. Bouansa n'a pas de réseau d'adduction d'eau moderne ; 60 % des ménages disposent de puits pour leur ravitaillement en eau.

Les autres agglomérations urbaines de la Bouenza

La communauté urbaine de Mouyondzi

La communauté urbaine de Mouyondzi est située au nord-ouest du département de la Bouenza, notamment sur les plateaux *bembé* et quasiment entourée par la rivière Loasi. Mouyondzi est au contact des villages Ntouari au nord, Ndzaou au sud, Kolo à l'est et Nsangou à l'ouest. Ancien poste colonial français créé en 1911, Mouyondzi a abrité l'une des maisons d'arrêt du Congo français dans les années 1930. C'est aussi pendant cette période qu'a été construite l'ancienne école normale des instituteurs, une des structures qui ont fait la célébrité de cette localité. La communauté urbaine de Mouyondzi se subdivise en 17 quartiers et compte 12 695 habitants. Elle est bâtie selon un plan radioconcentrique. Toutes les grandes artères convergent vers le rond-point qui est la place centrale de la ville. L'habitat est, dans l'ensemble, construit avec de la brique cuite et du parpaing. Dans le paysage, on trouve à la fois des vieilles cases et des maisons modernes.

Les équipements collectifs, les voies et les réseaux divers

On compte dans la localité de Mouyondzi plusieurs bâtiments qui abritent les services administratifs. On dénombre une école maternelle, sept écoles primaires dont deux sont publiques et cinq privées, un collège d'enseignement général, deux collèges d'enseignement technique et un lycée d'enseignement général qui occupe les anciens bâtiments de l'École Normale des Institutrices. Mouyondzi abrite beaucoup d'édifices religieux dont le plus imposant est l'Église catholique construite à quelque 100 m du marché. C'est l'un des équipements publics dominants de la ville. Cette localité dispose aussi d'un hôpital de base et d'une morgue. Deux réseaux de téléphonie mobile permettent la communication à Mouyondzi. Ce sont Airtel et MTN Congo. La télévision est suivie grâce aux installations de la chaîne locale, Télé Mouyondzi.

L'approvisionnement en eau à Mouyondzi est assuré par des puits dont quelques-uns sont surmontés de poulies. Toutefois, un château d'eau est en construction à proximité de la gare routière. La localité de Mouyondzi est alimentée en électricité par le barrage de Moukoukoulou ; 80 % des ménages sont abonnés à la Société Nationale d'Electricité.

Les activités économiques urbaines

L'agriculture intra urbaine est importante. Il y a des jardins potagers dans toutes les parcelles où sont cultivés l'arachide et le gingembre. Le manioc et la banane sont aussi plantés derrière les maisons et dans les parcelles non habitées. Les activités de transport constituent le domaine qui concentre la vie économique de la localité. Mouyondzi est un centre de transit entre les localités de Mabombo, Tsiaki et Kingoué, et les villes du chemin de fer. L'artisanat a une part importante dans l'économie de la ville notamment la vannerie avec la fabrication de paniers et de chaises en rotin, et la transformation du bois dans les ateliers de menuiserie.

Mfouati : paysage, équipements publics et activités économiques

La localité de Mfouati est bâtie sur un site accidenté entouré de collines, dans la zone de contact entre la vallée du Niari et le plateau des Cataractes. Elle est drainée par la Loutété, la Moukanda et la Moubidi.Les origines de Mfouati remontent à 1930 avec l'exploitation minière qui a attiré les populations et donné naissance à cette agglomération. Son plan est radioconcentrique et articulé sur deux axes. Le tronçon de la route Loutété-Mfouati-Boko-Songho, qui traverse la localité, forme l'axe principal de la voirie locale. Il est couvert de latérite. Le deuxième axe part de la place centrale et va vers le poste de la gendarmerie. Un réseau de pistes permet la circulation entre les habitations.

Les maisons sont construites avec de la brique cuite et couvertes de tôles ondulées. Les constructions semi-modernes sont majoritaires mais toutes sont vieilles en dehors de celles du camp de la Société de Recherche et d'Exploitation Minière.

Mfouati abrite les services de la police et de la gendarmerie, un Centre de Santé Intégré, une école primaire et un collège d'enseignement général public, l'inspection de l'enseignement primaire et de l'alphabétisation. Mfouati est connecté aux réseaux de téléphonie mobile d'Airtel et MTN.

L'alimentation en eau est assurée par des bornes-fontaines réparties en secteurs. On en compte six (6) dans toute la localité. Les populations déplorent la vétusté du réseau d'adduction d'eau qui date de 1976. De même, les populations veulent voir augmenter le nombre de bornes-fontaines pour réduire les distances entre le domicile et les lieux d'approvisionnement en eau sur un site accidenté.

Le plus grand désir de la population de Mfouati est celui de l'électrification de la localité. Le manque d'électricité empêche le bon fonctionnement du centre de santé intégré (CSI) qui pourtant est doté d'un bloc opératoire. Du reste, cette structure manque de médecins.

Les activités économiques de Mfouati sont centrées autour de l'agriculture vivrière. On y trouve des cultures de manioc, d'arachide, du haricot et des bananes. L'élevage de petits ruminants y est faiblement pratiqué. Le secteur secondaire est représenté par l'exploitation minière que mène la SOREMI

(Société de Recherche Minière). Le secteur tertiaire se concentre autour du petit commerce qui porte sur les produits de première nécessité : le riz, le sel, le savon, l'huile d'arachide.

L'unique boutique de la localité est tenue par une femme. Elle est située à la place centrale de la localité.

Par leur ardeur économique, les villes du chemin de fer constituent des pôles de services et d'emplois. Les emplois liés au chemin de fer sont nombreux : commerce, manutention, gardiennage, etc. Grâce donc au chemin de fer et à la route, les villes du département de la Bouenza ont les unes avec les autres des relations commerciales, financières, culturelles et industrielles de plus en plus fortes. C'est pour ce faire que la population du département de la Bouenza se concentre le long des axes de communication notamment le long du Chemin de Fer Congo-Océan.

Photo n° 1 : Vue partielle de l'habitat urbain de Nkayi
Cliché P. Moundza, 2009

Photo n° 2 : L'avenue du 31 décembre 1969, l'artère principale de la ville de Nkayi. À droite, on aperçoit l'immeuble de l'hôtel de ville. Cliché P. Moundza, 2012

Photo n° 3 : L'artère principale de Bouansa.
Elle traverse la ville, de la place de la gare au village Ngamba. Cliché P. Moundza, 2012

LES VOIES DE COMMUNICATION ET LES TRANSPORTS TERRESTRES

Le département de la Bouenza se situe au carrefour entre Brazzaville et Pointe-Noire d'une part, et entre la République gabonaise et la République Démocratique du Congo, d'autre part. Il dispose d'un réseau de voies de communication dense. Trois moyens de transport sont utilisés pour atteindre le département de la Bouenza : le train, le camion et l'avion. Le département de la Bouenza est l'un des rares qui bénéficient de l'interconnexion route-rail-air. Le Chemin de Fer Congo-Océan est le moyen de transport le plus utilisé, dans la mesure où il constitue la voie de transit entre Brazzaville et Pointe-Noire, pour les habitants des districts de Mouyondzi, Mfouati et Boko-Songho, par les gares de Bouansa, Nkayi, Loutété et Madingou.

Le Chemin de Fer Congo-Océan : historique et état des lieux

Le réseau ferroviaire national s'étend sur 886 Km. La voie ferrée principale, longue de 510 Km, va de Pointe-Noire à Brazzaville avec le nouveau tracé de Bilinga à Dolisie sur 91

Km. La ligne COMILOG, de Mont Bélo à Mbinda, mesure 285 Km. Les transports ferroviaires sont principalement assurés par le Chemin de Fer Congo-Océan. Par ses potentialités, il est la plus importante section issue de la scission/dissolution de l'Agence Transcongolaise de Communications (ATC). Créé par décret n° 03-2000 du 16 février 2000, c'est un établissement public à caractère industriel et commercial doté de l'autonomie financière. Depuis sa construction, le Chemin de Fer Congo-Océan a permis la circulation des marchandises, aussi bien à l'intérieur du pays qu'à destination et en provenance des pays voisins comme la RCA, le Gabon, le Sud-Est du Cameroun et le Tchad.

Le Chemin de Fer Congo-Océan à la recherche de la modernisation

Les effectifs du personnel permanent du Chemin de Fer Congo-Océan oscillent autour de 3 000 agents. Son chiffre d'affaires s'élève à 17 milliards de francs CFA. Le trafic voyageur est de l'ordre de 571 000 voyageurs par an. Dans les conditions optimales d'exploitation, le Chemin de Fer Congo-Océan est en mesure de transporter d'importants tonnages dans l'année dont 550 000 à 650 000 tonnes de bois, 180 000 à 200 000 tonnes d'hydrocarbures et 600 000 à 1 600 000 tonnes de trafic conventionnel.

Le trafic de marchandises au Chemin de Fer Congo-Océan a toujours été croissant depuis la création de la voie, jusqu'en 1990 où il atteint 3 millions de tonnes dans sa partie la plus chargée entre Dolisie et Pointe-Noire, avec le transport du manganèse du Gabon. Depuis le début de la décennie 90, le trafic de marchandises connaît une régression significative due, non seulement aux difficultés techniques, mais aussi beaucoup plus aux facteurs exogènes (sinistres, troubles sociopolitiques et autres). Le trafic de transit international qui, du reste, nécessite des moyens importants en matériel roulant, représentait 70 % du trafic de l'Agence Transcongolaise des Communications et a considérablement régressé en ce qui concerne le Chemin de Fer Congo-Océan. Celui-ci se trouve aujourd'hui dans une situation délicate à cause des difficultés techniques de tous genres. Le matériel de traction est très ancien, souvent défectueux et insuffisant. De plus, l'exploitation ferroviaire est confrontée à de nombreuses difficultés dues à la défectuosité de la voie (cassure des rails) et à la détérioration des conditions de travail des agents de sécurité suite à la destruction de plusieurs bâtiments et équipements dans les gares. Le personnel est, dans sa grande majorité, d'un âge très avancé.

La circulation ferroviaire entre Pointe-Noire et Brazzaville souffre de l'absence de confort, de ponctualité et de sécurité. Le réseau a connu une baisse considérable du trafic. Jusqu'en août 2012, un seul train assurait la liaison Pointe-Noire-Brazzaville, trois fois par semaine (lundi, mercredi et vendredi), en vingt heures. Le mouvement des trains est perturbé et suscite de nombreuses inquiétudes et incertitudes. On enregistre beaucoup d'accidents de circulation ferroviaire avec d'importants dégâts humains et matériels du fait de la dégradation de la voie et des équipements. Comme indicateurs moyens de performance, le taux de disponibilité du matériel roulant est faible (40,0 %) et celui de fiabilité l'est plus encore (12,0 %). Dans le tableau VIII, entre 1994 et 2011, on observe une forte baisse dans le domaine des équipements du Chemin de Fer Congo-Océan.

Tableau VIII : Matériels roulants du Chemin de Fer Congo-Océan

N°	Types de matériels roulants	1994	2002	2008	2011
1	Locomotives de ligne	38	20	23	19
2	Machines de manœuvre	27	2	07	09
3	Wagons de marchandises	1 430	591	1 045	1 045
4	Voitures de voyageurs	71	20	23	32

Source : Direction Générale du CFCO, 2011

Des 23 locomotives de ligne que comptait le Chemin de Fer Congo-Océan en 2008, 10 étaient en service et 13 à l'arrêt. Des efforts ont été fournis dans la réhabilitation et l'acquisition des wagons de marchandises. En 2011, le nombre de locomotives de ligne en service a diminué tandis que celui de voitures de voyageurs a légèrement augmenté. Le nombre de déraillements a aussi baissé, passant de 20 en 2007 à 05 en 2010, mais le matériel de traction demeure insuffisant (photo n° 4). Dans le cadre de son projet d'urgence de réhabilitation, le Chemin de Fer Congo-Océan a acquis 5 voitures de première classe, 9 de deuxième classe, 3 couchettes, 3 voitures restaurant-bar et 3 voitures fourgon générateur. Ce matériel lui a permis de constituer deux trains modernes dits de prestige, disposant de toutes les commodités. Ces trains surnommés « la Gazelle » transportent entre 530 et 800 personnes par voyage.

La dette de l'entreprise a atteint des proportions énormes et s'élève actuellement à 110 milliards de francs CFA. Pour relever le défi, les dirigeants du Chemin de Fer Congo-Océan comptent sur les partenaires, ainsi que sur la compétence du personnel. Ainsi, le gouvernement congolais a signé un contrat avec SNCF International, une société française spécialisée dans le transport ferroviaire, en novembre 1999 pour réhabiliter les ouvrages endommagés lors des troubles sociopolitiques de 1998-1999. C'est pour cela aussi que le gouvernement a engagé la mise en concession du Chemin de Fer Congo-Océan, en espérant des opportunités d'investissement dans le domaine des infrastructures. Ce processus a été lancé en 2001, dans le cadre de la privatisation des entreprises publiques, avec le soutien de la Banque mondiale. En 2002, 23 sociétés avaient manifesté leur intérêt.

Le gouvernement congolais avait décidé de confier l'exploitation du Chemin de Fer Congo-Océan à une société concessionnaire par voie d'appel d'offres international. La société concessionnaire serait constituée sous forme de société anonyme de droit congolais dont 51 % du capital au moins appartiendraient à un actionnaire privé dit « actionnaire de référence ». Le concessionnaire serait responsable de l'exploitation technique et commerciale des services, de l'aménagement des infrastructures ferroviaires et de la gestion foncière du domaine ferroviaire concédé. La mise en concession du CFCO vise : l'amélioration de la qualité des services de la chaîne transcongolaise de transport, la suppression des goulots d'étranglement qu'elle crée actuellement pour l'économie du pays ainsi que pour le transit international, le rétablissement de l'équilibre financier de l'entreprise ferroviaire, la suppression des subventions croisées entre le Port Autonome de Pointe-Noire d'un côté, le Chemin de Fer Congo-Océan et les transports fluviaux de l'autre.

Concernant la privatisation de ce secteur, le gouvernement voyait déjà le Chemin de Fer Congo-Océan sur de *nouveaux rails*. À en croire les déclarations des pouvoirs publics, la privatisation devrait mettre fin à l'hémorragie financière de ce secteur et relancer la vocation de pays de transit du Congo. Pour diminuer les charges, les effectifs du personnel seraient réduits à 1 800 employés contre 2 370 actuellement. Les salariés détiendraient 5 % du capital. Le trafic des marchandises monterait à un million de tonnes.

Dans les différentes attentes du gouvernement congolais, le Chemin de Fer Congo-Océan devrait garder la mission de service public et atteindre, à terme, un trafic d'un million de tonnes de marchandises. À la veille de la privatisation, la Banque mondiale venait d'accorder une enveloppe de 12 millions de dollars destinée à régler les problèmes urgents du réseau, comme la réfection d'une partie des voies, des viaducs, ainsi que celle de certains équipements et installations de télécommunications détruits pendant la guerre. Il y a donc un travail de reconquête à faire et, comme atout principal de cette relance, il y a le port en eau profonde de Pointe-Noire qui est une véritable tête de pont de l'axe commercial de l'Afrique centrale. À part le bois, les autres produits concernés sont les hydrocarbures et les produits manufacturés.

Mais ces ambitions ont été contrariées par la longue attente d'un éventuel repreneur et un appel d'offre infructueux. Désormais, seuls restaient en lice les consortiums Bolloré (France) et Sheltam Mvela (Afrique du Sud). Sur cette mise en concession, les plus durs parlent d'un espoir perdu. Traité de *canard boiteux*, le Chemin de fer Congo-Océan est resté sans repreneur véritable, même si entre-temps il est géré par le groupe Bolloré, amenant l'État à lancer lui-même le plan de redressement. Nombreux sont ceux qui considèrent les déclarations des pouvoirs publics congolais comme de vaines promesses et de simples effets d'annonce. Toutefois, le groupe français Bolloré ne cesse de convoiter la gestion du Chemin de fer Congo-Océan. Bien que lente, la démarche de privatisation du Chemin de fer Congo-Océan est appuyée par les bailleurs de fonds. À cet effet, une étude menée par l'Union Européenne est en cours. Il s'agit pour les pouvoirs publics de remettre en état le secteur ferroviaire et de rendre le Chemin de Fer Congo-Océan totalement opérationnel. Mais les travaux d'entretien et de réparation des voies demeurent en grande partie manuels. De ce fait, ils prennent du temps. Cependant, le Chemin de Fer Congo-Océan reste un monument à remettre sur les rails. Son rôle central ne s'est pas amoindri puisqu'il reste, pour le moment, la seule voie ferrée traversant le Sud du pays, du fleuve Congo à l'Atlantique, pour relier ses deux grandes villes. Depuis 2007, l'État a investi quelque 40 milliards de F CFA dans la réhabilitation et l'équipement du Chemin de Fer Congo-Océan. Ce programme, appuyé par la Délégation Générale des Grands Travaux, a été actualisé à un montant de l'ordre de 78 milliards de Francs CFA. L'objectif est la remise à niveau de l'entreprise qui porte, entre autres, sur la réhabilitation et l'acquisition du matériel roulant, l'amélioration des infrastructures, de la qualité des services, du confort et la ponctualité des trains.

Dans sa politique actuelle, le Chemin de Fer Congo-Océan privilégie le trafic de marchandises et réserve la priorité au fret. Il a réduit le trafic des voyageurs. La compagnie prévoit donc de transporter près d'un million et demi de voyageurs et deux millions de tonnes de marchandises. Quant à l'avenir de l'entreprise, la seule issue possible semble désormais le recours à un partenariat public-privé. Crucial pour le fret, le Chemin de Fer Congo-Océan demeure aussi le seul moyen de transport pour des centaines de milliers de personnes qui n'ont pas les moyens de prendre l'avion. Actuellement, le Chemin de Fer Congo-Océan transporte 25 000 tonnes de marchandises par semaine. L'objectif est d'atteindre 150 000 tonnes.

Le Chemin de Fer Congo-Océan est délabré. Les sociétés forestières du Nord-Congo ont abandonné la voie congolaise et choisi celle du Cameroun pour éviter la faillite. En effet, le bois du Nord est évacué vers Douala au Cameroun par la voie routière depuis 1991, comme alternative supplémentaire au Chemin de Fer Congo-Océan. Cela montre, à plus d'un titre, toute la place centrale de cette voie ferrée dans les économies du Congo, de la République Centrafricaine, et dans une certaine mesure celle de la République Démocratique du Congo. Cette voie est gérée par les pouvoirs publics qui, se voulant rassurants, déclarent que la réparation du Chemin de Fer Congo-Océan aiderait à récupérer la confiance des fournisseurs de ces différents pays, ainsi que celle des investisseurs. À ce titre, la réhabilitation complète du Chemin de Fer Congo-Océan nécessite près de 300 milliards de francs CFA. Cependant, les moyens déployés depuis la fin des conflits armés en vue de redresser le Chemin de Fer Congo-Océan ne permettent pas encore un décollage définitif de la société.

Vue comme une nécessité historique, la construction du Chemin de Fer Congo-Océan était justifiée par le besoin de donner une sortie sur l'océan à l'immense bassin du Congo. L'un des résultats les plus visibles était qu'on pouvait désormais parcourir le trajet de Pointe-Noire à Brazzaville en quelques heures au lieu de quarante jours à pied. Le Chemin de Fer Congo-Océan a, par ailleurs, scellé la vocation de pays de transit de la République du Congo. Ainsi grâce à cette infrastructure de transport, le Tchad, la Centrafrique et le Cameroun accèdent à la mer par le port de Pointe-Noire. De cette manière, cette voie ferrée se présente comme outil d'intégration régionale. Bien plus, elle doit contribuer à la dynamisation de l'espace, à travers la structuration du réseau routier local, précisément dans le département de la Bouenza. Sa géométrie linéaire influence la forme du réseau routier local qui s'organise le long de cette infrastructure.

Les routes du département de la Bouenza

Le département de la Bouenza occupe une situation géographique de carrefour entre Brazzaville et Pointe-Noire d'une part, et entre la République Gabonaise et la République Démocratique du Congo, d'autre part. Il dispose d'un réseau de voies de communication dense. Trois moyens de transport sont utilisés pour atteindre le département de la Bouenza : le train, le camion et l'avion. Le département de la Bouenza est l'un des rares qui bénéficient de l'interconnexion route-rail-air. Le Chemin de Fer Congo-Océan traverse le département de la Bouenza sur 141 Km, de Moubotsi à Loutété, soit 28 % de la longueur totale de la voie ferrée de Pointe-Noire à Brazzaville.

Le réseau routier du département de la Bouenza mesure près de 1000 Km. Le réseau routier s'organise perpendiculairement au Chemin de Fer Congo-Océan et à la route nationale n° 1. Ce sont des voies dites transversales au Chemin de Fer Congo-

Océan. En fait, dans l'esprit des constructeurs, il s'agissait de faire bénéficier du rail, à travers le réseau routier, même les régions les plus éloignées de la voie ferrée. Le réseau routier du département de la Bouenza est un des éléments du désenclavement de l'arrière-pays et de l'aménagement du territoire. Dans la construction du réseau routier, une attention toute particulière était accordée aux points de rupture de charges du Chemin de Fer Congo-Océan considérés comme les points d'aboutissement du réseau annexe. Le profil général des routes et le choix des gares à construire avaient été faits en fonction de la richesse potentielle de l'arrière-pays.

La classification fonctionnelle et économique définissant les niveaux des services et les priorités inscrit le département de la Bouenza au niveau 2 avec un trafic majeur (20 à 50 véhicules/jour) et au niveau 3(de l'ordre de 10 véhicules/jour). Ils comprennent la quasi-totalité des liaisons vers les districts que complètent les pistes agricoles et toutes les dessertes villageoises. Ainsi, on a des routes de bonne viabilité, des routes de viabilité moyenne et des routes de mauvaise viabilité comme le montre la figure n° 8.

Les routes de bonne viabilité

Les routes de bonne viabilité sont toutes les routes bitumées du département. Elles couvrent 140 Km soit 14 % du réseau routier départemental. Il s'agit des routes Loudima-Sibiti (80 Km), Bouansa-Mouyondzi (45 Km) et Loutété-Mfouati (15

Km). La plus longue de ces trois routes est celle qui relie Bouansa à Mouyondzi. La route Loudima-Sibiti s'étend plus dans le département de la Lékoumou que dans la Bouenza où elle n'a qu'une portion de 25 Km.

La route Bouansa-Mouyondzi est longue de 45 Km et a été officiellement inaugurée en mai 2007. Large de 7 mètres, cet ouvrage comporte une couche de fondation en latérite, une couche de base en béton de sol et une couche de roulement en enrobé. Plus de 11 milliards de F CFA ont été investis par le gouvernement pour réaliser les travaux de cette route. Les travaux, repris en 2002, ont été réalisés par la société Astaldi. Cette route valorise particulièrement la localité de Bouansa, sur le Chemin de Fer Congo-Océan, entre Loutété et Madingou. Cette route permet aux paysans de Mouyondzi et de son arrière-pays d'évacuer plus rapidement leurs produits vers les grands centres de consommation notamment Brazzaville et Pointe-Noire, en passant par la gare de Bouansa. En tout cas, bon nombre de commentaires disent que désormais la circulation est aisée entre Bouansa et Mouyondzi.

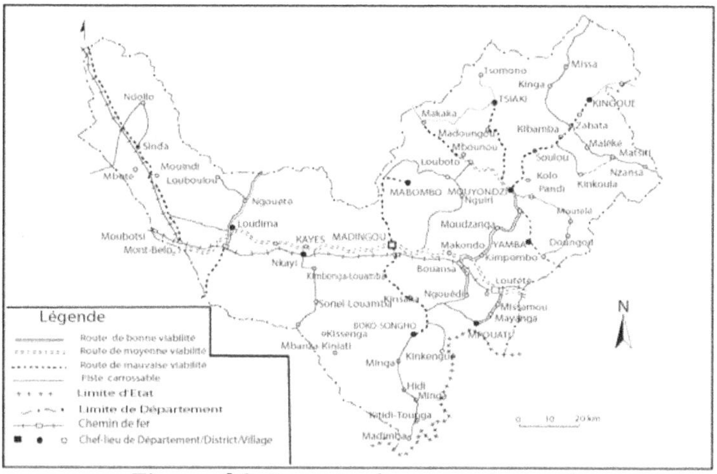

Figure n° 8 : Les voies de communication du département de la Bouenza

La construction de la route Bouansa-Mouyondzi comptait au nombre des chantiers initiés à la faveur du premier plan quinquennal 1982-1986. Les travaux avaient démarré sous la direction de l'ancienne Régie Nationale des Travaux Publics (RNTP). Poursuivis par l'entreprise Tabet, ils avaient été interrompus en 1992 avant de reprendre en 2002, au sortir des troubles sociopolitiques. La préoccupation première des pouvoirs publics était de soulager les peines des populations de cette zone, où l'activité agropastorale est très intense. L'importance de la route Bouansa-Mouyondzi tient à ce qu'elle permet de désenclaver de nombreuses localités et de faciliter l'accès au barrage hydroélectrique de Moukoukoulou. Cette route a une portée économique incontestable. Elle assure le rôle de transit pour les hommes et les marchandises entre la partie nord du département (Mouyondzi, Tsiaki, Kingoué) et la gare ferroviaire de Bouansa.

Les routes de viabilité moyenne

Les routes de viabilité moyenne sont des routes praticables en permanence mais avec des difficultés. Elles sont constituées par la route nationale n° 1 et les routes préfectorales. Elles représentent 43,4 % du réseau routier départemental.

La route nationale n° 1 (RN I)

La route nationale n° 1 va de Pointe-Noire à Brazzaville. La portion qui traverse le département de la Bouenza a une longueur de 144 Km et représente 14,4 % du réseau routier départemental. Parallèle au Chemin de Fer Congo-Océan, elle forme l'axe principal du réseau routier de l'ensemble du département de la Bouenza. Elle passe par les localités de Loudima, Nkayi, Madingou, Bouansa et Loutété. La route nationale n° 1 est parsemée de trous, de crevasses, de bosses, de cassis et remplie de poussière. En saison sèche, un véhicule qui roule derrière un autre ne peut pas tenter un dépassement, du fait de l'absence de visibilité due aux nuages de poussière. Celui qui part en tête sera le premier arrivé. Quand il pleut, les véhicules roulent pendant 3 heures entre Loudima et Nkayi c'est-à-dire trois fois plus longtemps qu'en saison sèche. Les personnes qui l'empruntent pour la première fois la qualifient d'épouvantable. Entretemps, les travaux de construction ont commencé et avancent normalement.

Le bitumage de cette route fait partie des préoccupations gouvernementales. Dans cette perspective, le département de la Bouenza est situé en position stratégique. La volonté des pouvoirs publics est actuellement exprimée par la mise en œuvre du plan national des transports adopté en 2004. Celui-ci prévoit le désenclavement de l'arrière-pays par la construction de routes et d'ouvrages de franchissement. Son objectif principal est de doter le Congo d'un réseau routier cohérent et de bonne qualité, d'améliorer le niveau des services des routes et de viabiliser les transports terrestres sur tout le territoire national. La préoccupation des pouvoirs publics porte sur :

- l'augmentation de la longueur du réseau routier amélioré permettant la circulation toute l'année ;
- la disposition d'une armature de routes structurantes praticables en toutes saisons ;
- la régularité du trafic sur l'ensemble du réseau national ;
- l'amélioration de l'accessibilité au plus grand nombre des localités en assurant une meilleure desserte de la campagne ;
- la création d'emplois en milieu rural.

Le réseau routier du département de la Bouenza s'inscrit donc dans ce cadre. Il épouse la ligne directrice de priorisation qu'est la dorsale Route Nationale n° 1-Route Nationale n° 2 (Pointe-Noire-Brazzaville- Ouesso).

La route nationale Pointe-Noire-Brazzaville est longue de 530 Km et a une chaussée de 16 mètres de large. Ses travaux exécutés par la société chinoise China State Construction and Equipment Corporation (CSCEC) se déroulent en quatre tronçons. Le premier tronçon, Pointe-Noire-Dolisie, est long de 186 Km ; le deuxième, Dolisie-Madingou, mesure 114 Km ; le troisième, Madingou-Mindouli, 111 Km et le quatrième, Mindouli-Brazzaville, 190 Km. Les travaux lancés concernent de prime à bord le tronçon Pointe-Noire-Dolisie qui constitue le tracé le plus délicat en raison de la présence du massif forestier du Mayombe. Le coût des travaux de ce premier tronçon est estimé à 172 milliards et demi de francs CFA financés par la République Populaire de Chine.

Les pouvoirs publics estiment que cette nouvelle voie rendra la mobilité aisée et le système de transport congolais cohérent. Ainsi, le mouvement des personnes et des biens sur ce trajet, longtemps réduit aux transports de masse, c'est-à-dire l'avion et le train, verra s'élargir son champ, avec la facilitation du transport individuel, grâce à l'usage du véhicule. Cette route favorisera la circulation des personnes et des biens entre l'hinterland et la côte atlantique. La construction de la route nationale n° 1 facilitera non seulement la mobilité des personnes et des biens, mais aussi le développement des activités agropastorales des régions desservies. Cette route aura un impact sur la production agricole nationale et permettra d'acheminer rapidement les produits vers les centres de consommation et d'exportation. Grâce à cette route, le Congo jouera encore mieux son rôle de pays de transit en Afrique centrale. Cette voie de communication contribuera à l'intégration sous-régionale, notamment avec les projets de routes reliant la Cuvette-Ouest au Gabon et la Sangha au Cameroun. Par ailleurs, elle permettra de désengorger le Chemin de Fer Congo-Océan qui a été endommagé pendant les conflits armés que le Congo a connus ces dernières années.

Les routes préfectorales et les routes d'intérêt local

Les routes préfectorales forment un réseau de 290 Km soit 29 % de l'ensemble du réseau routier départemental. Il s'agit des routes préfectorales n° 4 : Loudima-Kimongo (55 Km), n° 11 :

Madingou-Boko-Songho (45 Km) et n° 21 : Loulombo (Pool)-Yamba-Mayalama (51 Km).

- Les axes routiers Mouyondzi-Kingoué-Mounkomo, Mouyondzi-Tsiaki, Mouyondzi-Mabombo. La sous-préfecture de Mouyondzi, grâce à sa situation géographique et à son réseau routier en étoile, assure le rôle de transit pour les sous-préfectures voisines (Tsiaki, Kingoué,) et même le Sud-Ouest du département du Pool (Kindamba, Kimba, Vindza).
- La route préfectorale Madingou-Boko-Songho : elle joue un rôle important dans la mobilité des populations et aussi dans les échanges économiques au sud de la voie ferrée. Seulement elle est en état de dégradation, avec de nombreux bourbiers et des ponts en mauvais état.
- La route Madingou-Mabombo : la mise hors de service du bac sur le Niari rend cette route impraticable depuis près de vingt ans. La traversée de ce cours d'eau se fait depuis lors par pirogue.
- La route Mfouati-Boko-Songho : elle est longue de 45 Km et relie les deux districts miniers de Mfouati et Boko-Songho. Sa praticabilité est rendue difficile par le relief montagneux.

Les routes de mauvaise viabilité

Leur praticabilité est intermittente, souvent perturbée ou interrompue en saison des pluies, entre les mois d'octobre et de mai. Ce sont les routes d'intérêt local et les pistes agricoles carrossables. Les pistes agricoles sont des axes routiers qui mènent des villages aux zones champêtres. Elles sont créées avant tout pour permettre la circulation des tracteurs. Leur entretien est de temps à autre manuellement assuré par les paysans. Dans les champs, chaque piste débouche sur une place aménagée dite place du marché. Ceci permet aux commerçants de faire leur marché et de stocker les produits agricoles dans les champs mêmes. Lors du voyage, le véhicule quitte l'axe routier principal ou secondaire à partir du village pour procéder au chargement des produits agricoles dans les champs. Les pistes agricoles sont particulièrement nombreuses dans la sous-préfecture de Mouyondzi.

Le réseau de routes d'intérêt local est bien structuré et organisé dans la sous-préfecture de Mouyondzi. Depuis la colonisation, c'est que ce type de voies de communication avait la mission de relier la sous-préfecture de Mouyondzi, espace économique dynamique, avec Bouansa (ex-Le Briz), la gare ferroviaire. On distingue donc plusieurs axes routiers d'intérêt local dont :

- l'axe Mouyondzi-Kiniangui 2 : long de près de 50 Km, il a pris de l'importance à partir de la construction du barrage de Moukoukoulou (1977-1978). Cet aménagement entraîne l'essor des activités agricoles. Son tracé suit en grande partie la rivière Moukoukoulou. Cet axe abrite plus d'une quinzaine de villages dont les plus importants sont Louboto, Mouzanga-Zaketé, Nkengué, Kiniangui II et Moandi-Mpika. Il ouvre le district de Mouyondzi vers les districts de Mabombo et Tsiaki et le département de la Lékoumou.
- l'axe Mouyondzi-Moussengué : cet axe, long de 25 Km, est le moins fréquenté par les véhicules. Faiblement peuplé, il compte sept villages. Il est l'unique voie qui ouvre le district de Mouyondzi vers le district de Tsiaki. Sa principale production est le manioc.
- l'axe Mouyondzi-Soulou : long de 25 Km également, c'est l'axe le plus fréquenté par les véhicules du fait de l'importance des activités agricoles et de la forte concentration démographique. L'ouverture sur le district de Kingoué rend la circulation intense sur cet axe. L'axe Mouyondzi-Mpengui : il couvre une distance de 27 Km. Il se termine en cul-de-sac sur le village Mpengui, sans aucune ouverture vers l'extérieur du district.
- l'axe Mayalama-Yamba-Ndounga : sortie principale de la sous-préfecture de Yamba, il est une des bretelles de l'axe Mouyondzi-Bouansa. Son prolongement en forme de piste agricole arrive jusqu'à Massangui et aboutit à la frontière avec les districts de Mindouli et de Mfouati. Cette section trouve une ouverture sur le district de Kindamba à partir du village Ndoungou II.

À signaler que le plan national de transport prévoit pour la Bouenza la remise en état du réseau routier prioritaire et la construction de nouvelles routes. Les axes routiers construits, réhabilités et ceux dont les travaux sont en cours d'exécution permettent non seulement la connexion des différentes localités du département, mais aussi avec les autres agglomérations du pays.

Le réseau routier joue un rôle important dans l'organisation de l'espace du département de la Bouenza. La disposition des axes routiers en forme de tentacules de part et d'autre du chemin de fer montre à quel point le réseau routier assure une fonction vitale dans la vie et les activités du département. Le réseau et les transports routiers, tels qu'ils sont organisés actuellement, favorisent la dynamisation de l'économie régionale et constituent, à n'en point douter, un facteur d'intégration des différents districts du département et de développement de leurs échanges. Dans ce sens, la chose à envisager serait la restructuration du réseau routier en vue d'une meilleure organisation de l'espace régional, afin d'accroître les transports et les communications interdistricts car ceux-ci pour le moment ne convergent que vers la voie ferrée. Les échanges qui s'instituent à travers la commercialisation des produits agricoles, par exemple, sont porteurs d'une dynamique en faveur des villages et de l'espace rural du département de la Bouenza.

Mais l'état de dégradation avancé des routes oblige les paysans à limiter leur production. Il ne suffit pas que les routes passent, il faut qu'elles favorisent un grand trafic, disent les paysans et les commerçants. Peut-être qu'elles permettraient dès lors la diversification des activités et l'appel à des investisseurs, originaires ou non des villages du département. L'accès facile à l'intérieur du pays est l'une des conditions indispensables que posent, dans une large mesure, nombre d'intellectuels, pour leur retour en milieu rural. Quelques-uns pensent même que le mauvais état des routes serait responsable du sentiment d'aversion que nourrissent certains originaires du département contre leurs villages. À propos du mauvais état des routes, les plaintes des transporteurs ne tarissent pas. Entre autres, c'est à cela que l'on attribue le nombre croissant d'accidents de la circulation que connaît le département de la Bouenza comme l'illustre le tableau IX.

Tableau IX : Accidents survenus dans le département de la Bouenza en 2006 et 2009

N°	Types d'accidents	2006		2009	
		Nbre	%	Nbre	%
1	Accidents mortels	7	35,0	13	24,1
2	Accidents avec blessés	11	55,0	26	48,1
3	Accidents avec dégâts matériels	2	10,0	15	27,8
Total		20	100	54	100

Source : Congo, CNSEE, annuaire statistique du Congo, 2009

D'après la direction départementale de la police nationale de la Bouenza, les accidents mortels, avec des blessés graves et des dégâts matériels importants dus à l'excès de vitesse, se produisent sur la route nationale n° 1, la route Loudima-Sibiti et l'axe Bouansa-Mouyondzi. Par exemple, le pont sur la rivière Niari, sur la route Bouansa-Mouyondzi, s'est effondré, à la suite d'un grave accident de circulation routière qui s'y est produit, mardi 24 avril 2012. Un camion à dix roues, chargé d'une cargaison de ciment, a heurté de plein fouet, au milieu du pont, un taxi et un camion à six roues. Les trois véhicules sont tombés dans la rivière causant la mort de quatre personnes et plusieurs blessés graves. Pour maintenir la circulation sur l'axe routier Bouansa-Mouyondzi, un pont métallique provisoire long de 130 mètres et large de 3,50 mètres, d'une valeur de 400 millions de francs CFA, a été construit en urgence et mis en service en novembre de la même année.

Des efforts sont fournis par les pouvoirs publics et les collectivités locales pour viabiliser le réseau routier départemental. Des travaux sont réalisés pour assurer le confort et la sécurité sur les routes du département. Dans le cadre du fonds routier, sur les routes bitumées Bouansa-Mouyondzi et Loudima-Sibiti, seront installés des postes de péage. Le conseil départemental de la Bouenza a investi dans la réfection des routes et a inscrit les dépenses portant sur le matériel dans l'ordre des priorités qui contribueront à l'entretien et à l'amélioration du réseau routier local. Ainsi, il a conclu un contrat de fourniture d'un lot de matériel d'une valeur de 249 millions de francs CFA avec la société chinoise Shangai Ltd. Les frais de dédouanement de ce matériel constitué de deux véhicules benne, une niveleuse, un bulldozer D 7, un chargeur et un compacteur, se sont élevés à près de 80 millions de francs CFA.

En vue de l'amélioration des conditions de vie des populations du département de la Bouenza, un plan global de réhabilitation des infrastructures a été conçu. Il porte sur la réfection des routes interurbaines du département, des routes Kimandou-Barrage Moukoukoulou (35 Km), Madingou-

Kimandou-Sibiti (65 Km), des routes d'intérêt local (RIL) n° 34, Nkayi-Kikongo (35 Km), n° 35, Ngouédi-Bouansa (12 Km) et des pistes agricoles. Dans cet élan, des pistes rurales ont été réhabilitées dans les districts de Madingou et de Mfouati, en 2011 et 2012 pour un coût global de 387 millions de francs CFA, dans le cadre du Projet de Développement Agricole et de Réhabilitation des Pistes Rurales (PDARP).

Les transports routiers dans le département de la Bouenza

Les transporteurs routiers

En vue de mieux appréhender la question des transports routiers dans le département de la Bouenza, nous avons interrogé les fournisseurs de ces services. Il ressort que la plupart des transporteurs sont des hommes. Ils représentent 88,9 % contre 11,1 % de femmes. Selon la répartition par âge, 22,2 % des transporteurs ont entre 21 et 30 ans, 53,1 % entre 31 et 40 ans et 22,7 % entre 41 et 50 ans. La majorité des transporteurs (55,6 %) est originaire du département de la Bouenza. Les autres proviennent du département de la Lékoumou et de l'étranger notamment du Gabon.

Les transporteurs ont presque tous un niveau d'instruction appréciable. En effet, 88,9 % ont fait des études secondaires et 11,1 % des études primaires. Les transporteurs mariés représentent 72,2 % et les célibataires 27,8 %. Parmi eux, 44,4 % ont 5 ou 6 personnes à charge et 27,8 %, 3 ou 4 personnes. Nombre d'entre eux (72,2 %) exercent leur métier depuis 1995. La moitié d'entre eux (50,0 %) a débuté cette activité dans le département de la Bouenza même notamment à Mouyondzi (22,3 %), Madingou (16,7 %), Bouansa et Loudima, respectivement 05,50 %. Les autres ont commencé à Brazzaville (27,8 %), Dolisie et Sibiti, respectivement 11,1 %.

La plupart des transporteurs (98,9 %) sont propriétaires de leurs véhicules et se disent *patrons ;* à peine 1,1 % loue les véhicules auprès d'autres transporteurs. Les transporteurs propriétaires d'un véhicule représentent 61,1 % de leurs effectifs ; 27,8 % sont propriétaires de deux véhicules et 11,1 % ont plus de deux véhicules. En cas de location, les modalités de paiement sont diverses. Pour certains, le paiement se fait immédiatement après la vente de la marchandise et à l'issue du recouvrement des dettes. Pour d'autres, il se fait mensuellement au taux de 20 % du prix de vente de la marchandise transportée. Il s'agit en fait d'un système de transport à crédit. Sur cette chaîne se trouvent trois catégories d'acteurs : le propriétaire du véhicule, le transporteur locataire du véhicule, les commerçants propriétaires de la marchandise. Mais il se trouve parfois que les commerçants propriétaires de la marchandise s'adressent directement au propriétaire du véhicule. Dans tous les cas, le prix à payer n'est pas fixe.

Les taxis et les bus assurent les liaisons interurbaines (photos n° 5 et 6). Les camions et les camionnettes desservent indistinctement les centres urbains et les villages. Quelques propriétaires, en tout cas moins de 5 %, disposent de tracteurs avec remorque pour l'évacuation des produits agricoles des champs vers le village ou directement vers la gare. C'est le cas de la coopérative des maraîchers de la banlieue de Nkayi, à 7 Km de la ville. Ce type de véhicule est surtout utilisé dans les travaux champêtres notamment le labour. Mais il intervient également pour le transport des matériaux de construction notamment la brique cuite et la pierre. Plusieurs types de véhicules de transport de voyageurs et de marchandises sont en circulation dans la Bouenza (tableau X).

Tableau X : Types de véhicules de transport en circulation dans la Bouenza

		2006	2012
N°	Types de véhicules	%	%
1	Camions	54,5	17,6
2	Camionnettes	18,2	27,0
3	Voitures taxis	22,7	55,4
4	Tracteurs	04,6	00
Total		100	100

Source : Enquête personnelle, 2006 et 2012

Ce tableau montre qu'en 2006, parmi les véhicules de transport de voyageurs et de marchandises, les camions étaient les plus nombreux, suivis des taxis et des camionnettes. En mars 2012, la situation s'est inversée. Les voitures représentent 55,4 % du parc automobile, suivies des camionnettes et des bus (27, %) contre 17,6 % pour les camions.

Le personnel et la masse salariale

Ces véhicules sont en majorité d'origine japonaise (marques Toyota, Mazda et Mitsubishi) et allemande (marques Mercedes, Berliet et MAN). En fait, la quasi-totalité des camionnettes et des voitures taxis est de marques japonaises. Les camions avec ou sans remorque sont appelés *gros porteurs* par les transporteurs.

La moitié des transporteurs (50 %) emploie entre 4 et 8 travailleurs. Toutefois, 22,2 % d'entre eux disposent de plus de 12 employés. Ce personnel est essentiellement constitué de chauffeurs et d'aides-chauffeurs appelés *boys-chauffeurs*. La plupart des transporteurs emploient un chauffeur tandis que 27,8 % en utilisent au moins deux. Le traitement moyen des chauffeurs varie entre 60 000 et 90 000 F CFA par mois. Cependant, sur l'axe Mouyondzi-Bouansa, les chauffeurs de taxis sont de plus en plus payés par jour. En effet, ils perçoivent 6 000 F CFA et les contrôleurs (receveurs ou encaisseurs) 2 500 F CFA, au dernier débarquement à Bouansa. Les contrôleurs travaillent dans les bus et les camions. Dans le camion ou la camionnette, en plus du chauffeur et du contrôleur, il y a les aides-chauffeurs. Le contrôleur, un seul par véhicule, encaisse l'argent versé par les clients au titre de leur transport et de celui de leurs marchandises ou de leurs bagages. Les aides-chauffeurs assurent le chargement et le déchargement des véhicules. Plus de la moitié des transporteurs ont entre 2 et 6 aides-chauffeurs à leur service. Leur traitement mensuel varie entre 40 000 et 60 000 F CFA. Ceux-ci s'estiment mal payés.

Les mécaniciens ne sont pas des employés permanents auprès des transporteurs. Ils sont propriétaires des garages et les propriétaires de véhicules sollicitent leurs services en cas de panne. Aucun transporteur ne possède un garage pour l'entretien de ses véhicules. Les mécaniciens n'ont donc pas un traitement mensuel fixe. Ils sont payés à la tâche. Souvent, ils se connaissent et sympathisent. Pour quelques réparations, ils conviennent des prix à l'amiable qu'ils qualifient de *prix de famille*. C'est souvent le mécanicien qui fournit en même temps la pièce à remplacer, si ce n'est pas lui qui connaît le magasin dans lequel on peut la trouver et qui en débat le prix.

Des transports routiers axés sur le Chemin de Fer Congo-Océan

Les flux de transports routiers liés au chemin de fer sont intenses dans le département de la Bouenza comme le montre la figure n° 9. Nous distinguons le trafic entre les gares et l'intérieur du département d'une part et d'autre part, le trafic inter-gares. Le trafic est important, non seulement à l'intérieur du département mais aussi en direction de Pointe-Noire comme cela apparaît à la gare routière de Bouansa où les trois destinations les plus importantes, dans l'ordre, sont Pointe-Noire, Mouyondzi et Madingou-Nkayi. En nous référant à l'enquête menée à Bouansa, nous nous rendons compte que le trafic vers Pointe-Noire représente 33,87 % tout comme le trafic inter-gares tandis que le trafic vers l'intérieur du département est de 33,26 %. Sur 62 véhicules dénombrés, 61,3 % sont des taxis, 27,4 % des camionnettes et 11,3 % des camions.

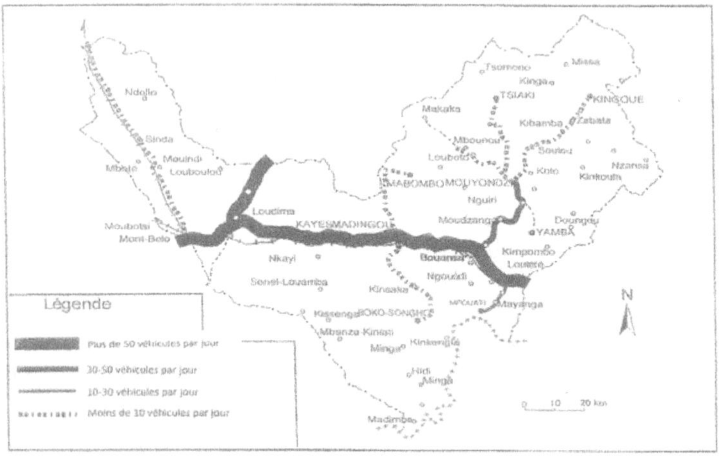

Figure n° 9 : Flux des transports routiers dans le département de la Bouenza

Le trafic entre les gares et l'intérieur du département

Nous avons observé le trafic sur les axes suivants : Nkayi-Loudima-Sibiti, Bouansa-Mouyondzi, Loutété-Mfouati et Madingou-Boko-Songho.

Le trafic Nkayi-Loudima-Sibiti : Au départ de Nkayi, les véhicules desservent Loudima, Sibiti (département de la Lékoumou). Une trentaine de taxis, 25 camions et camionnettes assurent la liaison Nkayi-Loudima-Sibiti. La circulation est très intense entre Loudima et Sibiti le mardi, le jeudi et le samedi en rapport avec le mouvement des trains. Parmi les transporteurs qui résident à Sibiti, les plus connus sont Mouko Carel (le président de l'association des transporteurs de Sibiti), Djibrill (le vice-président), Paulo Paulo, Vieux Gauly, Concorde, Balandier et La queue -leu-leu.

Le trafic Bouansa- Mouyondzi : notre enquête montre que 24,20 % des véhicules qui partent de la gare routière de Bouansa vont à Mouyondzi. À ceux-là s'ajoutent ceux qui viennent des autres localités du département ou de Pointe-Noire et Brazzaville. La route Bouansa-Mouyondzi est utilisée en moyenne par une cinquantaine de véhicules dont le tiers est constitué de taxis. Ceux-ci font plusieurs tours par jour entre Mouyondzi, Bouansa, Madingou et Nkayi tandis que certains vont jusqu'à Dolisie et Pointe-Noire. Aux dires de certains usagers, à Mouyondzi, il y aurait plus de véhicules que de voyageurs.

Tous les véhicules qui circulent sur cet axe appartiennent à douze propriétaires dont un Gabonais. Les plus connus sont Vukos, Chardon, Mabiala, Boungou, Picka, Yima, Yves Alimentation, Franck, Pierrot et Bengou. Compte tenu de l'importance de l'activité, deux boutiques de vente de pièces détachées de véhicules ont été ouvertes à Mouyondzi par les commerçants Aliou et Nelson. À en croire les transporteurs, Mouyondzi ravitaille parfois Nkayi en pièces détachées de véhicules.

Cet axe se prolonge jusqu'à Kingoué et Tsiaki où arrivent respectivement entre 2 et 3 véhicules par jour. Entre Mouyondzi et Tsiaki, deux taxis font deux à trois rotations par jour. Ils transportent 6 personnes par voyage à raison de 1250 F CFA la place. Cela rapporte entre 30 000 et 45 000 F CFA au transporteur, quotidiennement.

De Mouyondzi, deux taxis vont également en aller-retour à Louboto, la localité qui abrite le barrage hydroélectrique de Moukoukoulou, à une cinquantaine de kilomètres de Mouyondzi. Sur instruction du sous-préfet, le chargement des taxis et des bus se fait par ordre d'arrivée.

Le trafic Loutété-Mfouati : il représente le tiers de celui de Mouyondzi-Bouansa. Au total, le parc automobile concernant ce trafic compte une vingtaine de véhicules dont les taxis collectifs et les camionnettes. Souvent les camionnettes vont au-delà de la localité de Mfouati. Le trafic fonctionne en deux vagues avec 4 véhicules le matin et autant l'après-midi. Par voyage, le taxi transporte 6 à 7 personnes et le bus, 16 personnes. Chaque voyageur paie 500 F CFA. Les taxis et les bus ne démarrent que lorsqu'ils sont pleins.

Le trafic Madingou-Boko-Songho : la route Madingou-Boko-Songho assure l'évacuation des produits agricoles notamment le manioc, l'arachide et le haricot de Boko-Songho vers la gare de Madingou, principale gare d'expédition vers Pointe-Noire et Brazzaville. En saison de pluies (octobre-mai), la circulation est réduite : 2 à 3 véhicules par semaine contre 5 à 10, en saison sèche (juin-septembre).

Le trafic Mont Bélo-Makabana : la route Mont Bélo-Makabana est très peu fréquentée par les véhicules depuis l'arrêt des activités de la Compagnie Minière de l'Ogooué (COMILOG). En effet, c'est cette compagnie qui l'entretenait régulièrement. Actuellement, elle est presque à l'abandon. Moins de dix véhicules l'utilisent par semaine.

Le tableau XI montre que les tarifs pratiqués par les transporteurs entre les gares et l'intérieur du département de la Bouenza varient entre 500 F CFA pour la distance la plus courte, Loutété-Mfouati (15 Km), et 4 250 F CFA pour la distance la plus longue, Nkayi-Mouyondzi soit 110 Km.

Tableau XI : Tarifs pratiqués par les taxis et les bus entre les gares et les localités de l'intérieur du département

N°	Axes routiers	Distances (Km)	Tarifs (F CFA)
1	Loudima-Sibiti	80	2 000
2	Nkayi-Sibiti	110	3 500
3	Nkayi-Mouyondzi	110	4 250
4	Bouansa-Mouyondzi	45	1 250
5	Loutété-Mfouati	15	500
6	Madingou-Boko-Songho	45	1 500
7	Madingou-Mabombo	30	1 500
8	Bouansa-Kingoué	90	2 500
9	Bouansa-Tsiaki	95	3 000
Moyenne		63,9	2 222

Source : Enquête personnelle, 2012

Le trafic routier inter-gares

Le trafic routier inter-gares concerne les localités situées à cheval sur la route nationale n° 1 et le Chemin de Fer Congo-Océan. Depuis le bitumage du tronçon Pointe-Noire-Dolisie, la circulation est devenue plus intense qu'auparavant sur la route nationale n° 1. Les gares routières attenantes à la voie ferrée sont toujours bondées de taxis et de camionnettes pour le transport interurbain de personnes et de marchandises et vers l'intérieur du département. Nous avons dénombré en moyenne 15 véhicules en chargement dans chacune d'elles notamment à Bouansa, Madingou et Nkayi. Au vu de l'intensité du trafic routier, beaucoup de gens pensent que l'autoroute Pointe-Noire-Brazzaville, pour peu qu'elle fonctionne convenablement, va sonner le glas du Chemin de Fer Congo-Océan. En effet, le transport routier a éclipsé le trafic ferroviaire inter-gares à peine perceptible. Il est plus facile et plus rapide de se déplacer ou de transporter les marchandises entre les gares du département de la Bouenza par route que par train. Le tableau XII montre les tarifs pratiqués par les taxis et les bus dans le trafic des voyageurs entre les agglomérations urbaines situées sur la voie ferrée.

Les distances parcourues par les transporteurs routiers ne dépassent pas 200 Km aller-retour pour la moitié des transporteurs. Ainsi, 83,3 % d'entre eux font des rotations journalières et 16,7 % des rotations hebdomadaires. L'activité est particulièrement rentable entre juin et septembre, pendant la saison sèche, période où les routes sont plus praticables et les mouvements de population plus importants.

Tableau XII : Tarifs pratiqués par les taxis et les bus dans le trafic inter-gares

N°	Axes routiers	Distances (Km)	Tarifs (F CFA)
1	Nkayi-Loudima	30	1 500
2	Nkayi-Madingou	35	1 500
3	Nkayi-Bouansa	65	3 000
4	Nkayi-Loutété	80	4 250
5	Madingou-Bouansa	30	1 500
6	Madingou- Loutété	45	3 000
7	Bouansa-Loutété	15	1250
Moyenne		42,8	2 285

Source : Enquête personnelle, 2012

Depuis le lancement des travaux de construction de la route nationale n° 1, le trafic entre les localités de la Bouenza et Pointe-Noire prend de plus en plus d'ampleur. Le trajet dure entre cinq et six heures. Le voyage coûte 12 000 à 15 000 F CFA par personne. L'importance du parc automobile et l'intensité du trafic ont favorisé l'installation de petites sociétés sous-traitantes d'assurances relatives au transport routier à Nkayi, Madingou, Bouansa et Mouyondzi.

Les marchandises transportées par la voie carrossable

Les véhicules transportent une cargaison de 300 à 600 sacs soit 40 à 80 tonnes de produits notamment du manioc et font régulièrement un tour par semaine. Les produits ci-dessous énumérés : manioc roui (22,2 %), arachide (22,2 %), cossettes de manioc séchées (16,7 %), banane (11,1 %), englobent presque les 3/4 du trafic de marchandises du département de la Bouenza. Les autres produits (27,8 %) sont le maïs, le haricot, les patates, le gingembre, l'huile de palme et les produits manufacturés.

En ce qui concerne l'évacuation des produits agricoles du village à la gare, il y a des cas où les commerçants remplissent le véhicule d'un seul produit. Le manioc roui, les cossettes de manioc séchées et la banane font l'objet d'un chargement particulier. Dans d'autres cas, le chargement est constitué de plusieurs produits à la fois avec les combinaisons suivantes : cossettes de manioc séchées, banane, arachide ; manioc roui, cossettes de manioc séchées, arachide, mais ; cossettes de manioc séchées, haricot, banane. Il n'y a pas de transporteurs spécialisés dans le transport de tel ou tel produit. Les véhicules transportent les produits en vrac et à la demande de la clientèle.

Les véhicules effectuent en moyenne une rotation par jour, entre le marché d'approvisionnement (à l'intérieur du département) et la gare d'évacuation (Bouansa, Madingou, Nkayi, Loudima). Selon l'accessibilité et la proximité du lieu de production, lorsque la récolte est importante et que la demande sur le marché est pressante, certains transporteurs font deux tours par jour entre la gare et le village. Un véhicule transporte 7 à 10 tonnes de produits de manioc, de banane ou d'arachide. Le coût de transport d'un sac de produits est fixé selon son poids et la distance à parcourir. En effet, le sac de manioc roui coûte 2500 F CFA, le sac de cossettes de manioc séchées et celui de chikwangue, 2000 F CFA. De ce fait, une cargaison rapporte autour de 100 000 F CFA. Mais souvent tout se règle à l'amiable et au forfait. Les dépenses nécessaires pour le carburant sont de 25 000 F CFA pour 50 litres pouvant couvrir l'aller et le retour. Les transporteurs réalisent une marge bénéficiaire de 180 000 à 2 500 000 F CFA par semaine, soit plus de 10 millions de francs CFA par mois. Tous les transporteurs n'ont pas le même gain. Il y a un écart entre les gains des transporteurs propriétaires et ceux des transporteurs locataires de véhicules. Cette différence dépend du gabarit des véhicules et de la quantité de produits transportés, selon qu'il s'agit d'une camionnette ou d'un camion.

La quantité et le poids importants des produits transportés, la lenteur du Chemin de Fer Congo-Océan mais surtout l'apport financier considérable du transport des marchandises justifient l'intérêt des transporteurs routiers pour l'achat des camions de types Renault Kerax 400.19. 4x4 semi-remorque, Mercedes 26/28 et 19/24 et autres, plus adaptés à l'état dégradé des routes.

Les problèmes que rencontrent les transporteurs

Les problèmes directement liés au chemin de fer

La baisse du rythme de circulation des trains de voyageurs

Pendant les troubles sociopolitiques qui ont secoué la partie sud du pays, le transport a connu de nombreuses perturbations sur le Chemin de Fer Congo-Océan. À cela se sont ajoutées les difficultés matérielles et de gestion qu'a rencontrées le CFCO. Cette situation a eu des conséquences sur la vie des populations et les activités économiques dans le département de la Bouenza. Le trafic ferroviaire a baissé et avec lui celui des transporteurs reliant les localités situées dans l'arrière-pays du Chemin de Fer Congo-Océan. Auparavant, ils faisaient par exemple trois voyages par jour entre Bouansa et Mouyondzi, à la faveur du passage des différents trains de voyageurs (TE1, VO, ROC). Actuellement, beaucoup sont réduits à un voyage par jour sinon par semaine en fonction de la régularité du train de voyageurs. L'irrégularité des trains réduit fortement l'activité des transporteurs car moins les trains circulent, plus les clients à transporter sont rares. Il arrive souvent que certains transporteurs passent un à deux jours sans effectuer un seul déplacement par manque de clients.

L'insuffisance de wagons de transport de marchandises

Dans sa nouvelle politique, le Chemin de Fer Congo-Océan concentre son trafic sur le transport des marchandises. L'insuffisance de wagons de transport de marchandises a entraîné la baisse de régime. À cela s'ajoutent la vétusté de la voie ferroviaire, les cassures fréquentes des rails et les déraillements. On assiste à des retards dans l'acheminement des wagons de Bouansa à Pointe-Noire et inversement. Dans le département, la priorité est accordée aux produits de SARIS-Congo. Ainsi, un wagon de produits vivriers expédié de Bouansa vers Pointe-Noire n'a jamais roulé à la vitesse régulière. Le Chemin de Fer Congo-Océan faisant face au problème du matériel de fonctionnement, le wagon chargé à Bouansa reste en stationnement parfois pendant une semaine avant de trouver une rame disponible pour l'attelage. En plus, le voyage entre Bouansa et Pointe-Noire peut durer quatre jours ou plus. Il connaît des problèmes en route. Il faut le suivre pour intervenir lorsqu'il est menacé d'être différé par les caprices des cheminots cupides. Par manque de suivi, certains commerçants voient leurs marchandises passer plus d'une semaine entre Bouansa et Pointe-Noire, alors que dans les conditions normales ce trajet dure au plus une journée et demie. Le parcours nécessite assez souvent le versement de pots de vin à des cheminots véreux surtout à Dolisie, faute de quoi les wagons contenant la marchandise sont retirés de la rame en circulation. La rareté ou le manque de clients et de produits à transporter lorsque les trains ne circulent pas, par exemple suite à un déraillement, paralyse l'activité.

Les autres problèmes que rencontrent les transporteurs

Parmi les autres problèmes auxquels sont confrontés les transporteurs dans le département de la Bouenza, celui du mauvais état des routes est l'un des plus récurrents. Les routes sont nombreuses et relient la presque totalité des villages du département à la voie ferrée mais elles sont défectueuses. Les transporteurs s'en plaignent tous.

Le transport routier est essentiellement assuré par le secteur privé. Le fonctionnement est régi par un syndicat de transporteurs. Mais l'organisation n'est pas encore à la hauteur de son activité. En cas de blocage du Chemin de Fer Congo-Océan ou de la lenteur des trains, les transporteurs utilisent, pour rejoindre Pointe-Noire, une voie carrossable de secours qui passe par la Lékoumou et le Nord du département du Niari, plutôt que d'emprunter la route nationale n° 1. L'itinéraire de cette voie est le suivant : Mouyondzi, Bouansa, Madingou, Nkayi, Loudima, Mont-Bélo, Dolisie, Milamila, Ntembo, Sounda, Nkola, Makola, Pointe-Noire.

La plupart des transporteurs déplorent la chute de leurs activités depuis les événements sociopolitiques qui ont secoué la partie sud du pays. Certains évoquent plutôt le mauvais état de leurs véhicules qui les empêche de faire des bénéfices et de vite évoluer. D'autres ont des problèmes avec la location des véhicules ou à la gestion de leur personnel.

Jusqu'à la suppression officielle des barrages installés sur les routes, les transporteurs se plaignaient des exactions des policiers et des gendarmes qui, pour la moindre infraction vraie ou supposée, leur extorquaient beaucoup d'argent. Par exemple, pour des passagers assis sur les marchandises dans le véhicule, ils leur imposaient des amendes allant de 24 000 à 56 000 F CFA. En tout cas, à chaque point de contrôle, il fallait déposer au moins 2000 F CFA. Quand ils ne donnaient rien aux policiers et aux gendarmes, ceux-ci brandissaient leurs armes. La situation avait pris l'allure d'un véritable rançonnage des transporteurs au point où ceux-ci avaient surnommé les policiers et les gendarmes « *enfants de la rue* ». Certains transporteurs et commerçants ont même eu envie d'abandonner leurs activités.

Le partenariat entre les transporteurs et le Chemin de Fer Congo-Océan

Le Chemin de Fer Congo-Océan est donc le facteur essentiel de la vie et du développement socio-économique du département de la Bouenza. Pour ce faire, il existe une forme de partenariat entre les acteurs privés et le Chemin de Fer Congo-Océan dans son fonctionnement. Ainsi, certains transporteurs ont la maîtrise de tout le circuit de transport, du village à la ville (transport routier et transport ferroviaire). C'est le cas de Kibamba Louis, Mboungou Mfoutou, Massala Luc, Massala Olivier, Mbéri Victor. Ces derniers sont effectivement les pionniers de la nouvelle politique de transport sur le Chemin de Fer Congo-Océan.

Le chemin de fer favorise le ravitaillement du département. En effet, sans lui, le développement est impossible car c'est par là qu'arrivent le ciment, les fers à béton et d'autres matériaux de construction. L'arrêt ou la suspension de son activité entraîne le ralentissement des activités d'autres secteurs notamment la sucrerie, la cimenterie, le transport routier, etc.

À la question de savoir s'ils continueront d'exercer le transport au cas où le train ne fonctionnerait plus, 61,1 % des transporteurs répondent affirmativement, tandis que 38,9 % pensent arrêter et faire autre chose. Les premiers s'attacheront, sans nul doute, à la desserte interurbaine dans le département et avec les départements voisins de la Lékoumou et du Niari. Les seconds ont des avis très partagés. Les uns s'investiront dans l'agriculture et l'élevage bovin, les autres dans le commerce général notamment l'alimentation. Certains s'emploieront au transport des matériaux de construction locaux (sable et gravier) ou du bois de chauffe.

Dans le transport ferroviaire, interviennent deux partenaires : l'État et le secteur privé. L'État est représenté par le Chemin de Fer Congo-Océan et le secteur privé par divers transporteurs. Le

Chemin de Fer Congo-Océan assure trois charges : la charge administrative, la charge de transport et la charge commerciale. Sur le plan administratif, le service d'exploitation s'occupe des formalités d'embarquement des produits. Il enregistre les colis, les pèse, les stocke et les charge dans les wagons. Le service d'exploitation, sur la base de ces formalités, délivre des titres qui doivent être régularisés par le client. Ainsi, il est autorisé à charger sa marchandise à l'arrivée du train. Ensuite, le Chemin de Fer Congo-Océan est tenu, après les formalités d'embarquement et de chargement remplies par les clients, d'assurer leur transport et celui de leurs produits. Il met alors à la disposition de la clientèle des matériels de transport devenant, de ce fait, le garant de la sécurité des voyageurs et de leurs marchandises. Enfin, le Chemin de Fer Congo-Océan prélève de l'argent sur les titres de transport.

Le Chemin de Fer Congo-Océan n'assume pas seul ces charges. Il collabore avec des partenaires économiques privés. En effet, il cède aux particuliers des wagons de toutes sortes (fourgons, conteneurs, tombereaux). Le prix varie entre 400 000 et 600 000 francs selon la capacité et l'état du wagon. L'acquéreur assure les mêmes charges que le Chemin de Fer Congo-Océan qui est le garant de la circulation (propriétaire des rames et de la voie). Il prélève les droits sur les marchandises transportées, le stationnement et la circulation sur le wagon cédé et fait également louer des wagons aux particuliers.

Dans la gestion du trafic de marchandises, chaque transporteur a une équipe technique propre. Le système fonctionne sous le contrôle d'une organisation syndicale qui s'occupe de la supervision. Le fonctionnement est organisé en un système de rotation, d'une durée d'une semaine. Au cours de cette période qui correspond au tour de chaque transporteur, son équipe technique va en campagne auprès des commerçants, en vue de collecter les produits à évacuer par la voie ferrée. Si les commerçants n'ont pas suffisamment de moyens financiers pour acheminer la marchandise jusqu'à la gare, le transporteur la prend en charge, sous le contrat du transport à crédit. Au cas où le stock enregistré dépasse la capacité de son wagon, il en loue un autre au Chemin de Fer Congo-Océan ou aux collègues particuliers. Ici, le particulier n'assure que le transport des produits. Les frais de transport du client sont à sa propre charge et directement versés au Chemin de Fer Congo-Océan. Ceci fait qu'en fin de compte l'intéressé n'est plus en mesure d'assurer rapidement l'écoulement de la marchandise vers le lieu de vente. La marchandise reste alors stockée pendant longtemps et arrive parfois à se détériorer avant l'écoulement.

Le transport à crédit est une nouvelle politique de transport en pratique dans le département de la Bouenza, particulièrement dans le district de Mouyondzi depuis 2001. Le commerçant apprête sa cargaison et la confie au transporteur. Ce dernier fixe une date ou un délai à l'embarquement et à l'arrivée de la marchandise à Pointe-Noire ou à Brazzaville. Le propriétaire doit être présent à l'arrivée du train afin de réceptionner ses produits et à l'ouverture du wagon pour le déchargement. Au cas où le délai n'est pas respecté, le transporteur est obligé de supporter les frais du séjour prolongé du client. Après le déchargement, le commerçant procède à la vente de la marchandise. C'est une fois la vente terminée qu'il paye le transporteur de la marchandise, ainsi que les frais de manutention. Cette politique de transport n'est pas seulement une forme de soutien aux commerçants mais, bien plus, une manière pour les transporteurs de se faire une clientèle fidèle, par reconnaissance de cette faveur. De plus, on remarque que, dans la pratique de cette politique, tous les transporteurs ne prélèvent pas les mêmes taxes qui sont pourtant codifiées dans le guide de tarification du syndicat des transporteurs.

Le Chemin de Fer Congo-Océan est l'épine dorsale du fonctionnement du système économique du département de la Bouenza. La distribution des axes routiers en forme de tentacules de part et d'autre du chemin de fer montre à quel point le réseau routier assure une fonction vitale dans la vie et les activités dudit département. Le réseau et les transports routiers, tels qu'ils sont organisés actuellement, dynamisent l'économie régionale et constituent, à n'en point douter, un facteur d'intégration des différents districts du département et de développement de leurs échanges. Ils assurent la sortie et l'entrée des produits dont dépend la vie économique de la Bouenza. La totalité de la production agricole ne pouvant être consommée dans le département même, le Chemin de Fer Congo-Océan aide à transporter les produits ruraux vers les grands marchés urbains.

Photo n° 4 : Un groupe de jeunes poussant un wagon de marchandises à la gare de Bouansa. Cliché P. Moundza, 2012

Photo n° 5 : Taxis collectifs sur la route nationale n° 1 entre Bouansa et Madingou. Cliché P. Moundza, 2012

Photo n° 6 : Camion, bus et taxis à la gare routière de Mouyondzi. Cliché P. Moundza, 2008

UNE AGRICULTURE VIVRIERE DYNAMISEE PAR LE CHEMIN DE FER CONGO-OCEAN

Les conditions naturelles du département de la Bouenza se structurent autour de la vallée du Niari, principal élément orographique de cet espace. La géologie est constituée de formations schisto-calcaires et de quelques placages de formations gréseuses du système du Congo occidental. Le réseau hydrographique se rattache au bassin versant du Niari. La vallée du Niari est bordée par le plateau des Cataractes et le massif du Chaillu. Son climat est de type tropical humide, à tendance océanique. Ces éléments naturels, notamment le relief de plaine, favorisent le bon fonctionnement de l'ensemble des transports terrestres et la mise en valeur économique du département de la Bouenza.

Les atouts naturels du département de la Bouenza

La vallée du Niari : composante dominante du relief de la Bouenza

La vallée du Niari est une unité naturelle bien définie. Elle représente à peu près 8 % de la surface totale du Congo, avec environ 27 000 Km². Cette vallée est comprise dans une aire limitée entre les latitudes 3°00' et 5°00' sud et entre les méridiens 12°50' et 14°50' est. C'est une région naturelle à laquelle le découpage administratif de la République du Congo rattache les départements de la Bouenza, de la Lékoumou et du Niari. La vallée du Niari est limitée au nord par le massif du Chaillu, au sud par le plateau des Cataractes, à l'est par les plateaux batéké, à l'ouest par la chaîne de montagnes du Mayombe. Le relief de la vallée du Niari présente des collines rocheuses coniques ou bombées qui crèvent encore, par endroits, sa surface. Des éperons détachés des hauts versants calcaires font saillie dans la plaine et attirent particulièrement l'attention de quiconque passe par là. Il existe aussi de très nombreuses dolines et des dépressions fermées de toutes dimensions. Mais, dans l'ensemble, ces formes en creux s'inscrivent dans un réseau bien reconnaissable de vallons peu enfoncés. Des marécages, des étangs et des lacs occupent les endroits où les vallons ont été élargis et défoncés. Mais, d'une nappe d'eau à la suivante, il subsiste d'ordinaire un écoulement de surface, au moins en saison des pluies. La figure n° 10 présente le relief du département de la Bouenza notamment une partie de la vallée du Niari bordée au nord par les plateaux bembé et au sud par le plateau des Cataractes.

Selon Gilles Sautter, à l'exception des parties marécageuses, on ne note rien dans ce relief qui soit une gêne véritable pour l'agriculture. Il ne manque pas, en revanche, de surfaces d'un seul tenant, au relief doucement ondulé, qui se prêtent admirablement à la culture mécanique[14]. La vallée du Niari est plutôt une plaine, façonnée par l'érosion de couches tendres, séparée en plusieurs endroits du fleuve par des massifs de collines. Elle a été creusée à travers une ancienne pénéplaine dont les témoins subsistent de part et d'autre du fleuve Niari. La vallée du Niari se caractérise par un relief quasi plat, peu accidenté d'où émergent quelques buttes-témoins plus ou moins élevées. La vallée du Niari a sa largeur maximale entre Loudima et Madingou. Son relief est compliqué par la présence de terrasses d'altitudes diverses avec de nombreuses buttes calcaires, souvent en forme de pains de sucre, témoins d'une érosion intense.

Le cours du fleuve se situe entre 100 et 200 m d'altitude. Les plateaux dominent la vallée à une altitude de 500 à 700 m, avec quelques points élevés (Mont Ngouédi, 720 m, mont Kinoumbou, 784 m). Cette plaine se décompose en plusieurs niveaux étagés. Le plus bas, qui se localise au voisinage immédiat du Niari et le long du cours inférieur de ses principaux affluents, est peut-être une terrasse alluviale. Les deux autres qui constituent véritablement la plaine sont des plates-formes d'érosion, à soubassement rocheux. Par exemple, à Loudima et à Kayes, leur altitude respective est de 25-30 et 45-50 m au-dessus du lit majeur. Là où des alluvions se voient sur la moyenne terrasse, il ne s'agit que de placages

---

[14] G. Sautter, 1966 : *De l'Atlantique au fleuve Congo. Une géographie du sous-peuplement. République du Congo. République Gabonaise,* Paris, Mouton & Cie, 2 vol., 1102 p.

superficiels. Vers l'amont du Niari, et lorsque l'on s'éloigne en remontant ses affluents, les deux niveaux deviennent de plus en plus onduleux, se rapprochent et tendent à se confondre. Les vallées secondaires sont de moins en moins creusées. Même au voisinage immédiat du Niari, les deux surfaces ne sont jamais tout à fait planes. Leur soubassement calcaire est responsable d'une topographie à certains endroits confuse, avec des dépressions fermées, des contre-pentes, des mouvements de terrain de faible amplitude mais ayant parfois un profil accusé.

Des étages se logent dans de nombreuses cuvettes karstiques.

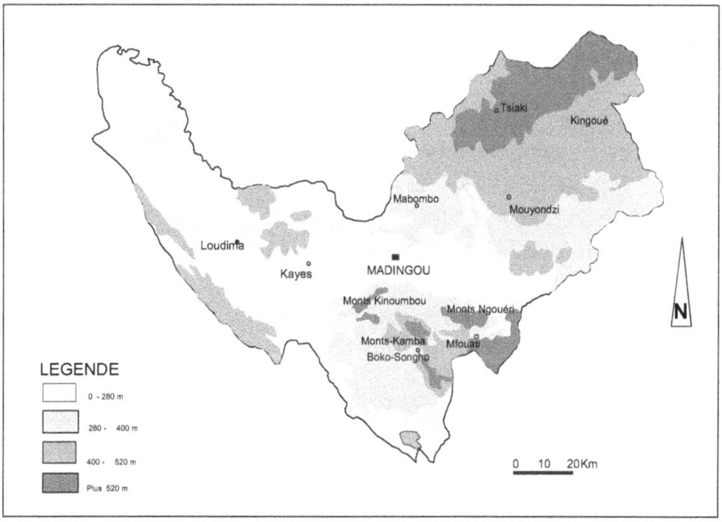

Figure n° 10 : Relief du département de la Bouenza

La plaine du Niari est bordée au sud par des massifs de collines calcaires, à couronnement gréseux, qui la dominent d'environ 500 m. Ces massifs, isolés les uns des autres par des cols bas ou de larges trouées faites par des rivières, projettent en avant des éperons dont la terminaison se morcelle en buttes coniques trouant la relative uniformité de la plaine. Le plus caractéristique de ces massifs, en même temps que le plus proche du Niari, est la montagne de Ngouédi, qu'on atteint depuis le bas par une véritable escalade. En contraste avec les pentes abruptes qui y donnent accès, les sommets offrent un paysage vallonné, à une altitude uniforme, et se révèlent ainsi comme des témoins de l'ancienne extension du grand plateau qui commence très au sud sur le territoire de la République Démocratique du Congo.

La vallée actuelle proprement dite du fleuve Niari est réduite, avec quelques dépôts colluviaux de faible superficie. La rive gauche est peu accidentée : ce sont des terrasses ou des plateaux peu élevés et de vastes zones alluviales anciennes au pied du plateau des Cataractes. Un certain nombre de surfaces planes sont séparées par les vallées encaissées. La rive droite du Niari se présente comme une succession de mamelons et de collines séparés par un réseau hydrographique dense, sinon permanent. On s'élève progressivement jusqu'à atteindre les plateaux de Mouyondzi et Sibiti par des gradins successifs qui constituent le rebord septentrional de la vallée. Ces plateaux sont en quelque sorte matérialisés par une cuirasse ferrugineuse subhorizontale partout présente à faible profondeur. Elle affleure sur les flancs des vallées et sur les rebords des plateaux. L'altitude décroît du nord au sud. Le relief est plus accidenté, formé d'un ensemble de collines étalées entre le fleuve et le plateau beembé et profondément disséquées par le réseau hydrographique.

Des sols et un sous-sol riches

Les grands traits de la géologie de la vallée du Niari ont été largement décrits par Babet (1938), Nickles (1952), J. Cosson (1955) et P. Dadet (1969) et l'évolution tectonique et structurale par L. Cahen (1954), P. Alvarez et al. (1989 et 1991), et P. Gion et al. (1987). L'ossature géologique de la région est essentiellement constituée de formations schisto-calcaires et de quelques placages des formations gréseuses du système du Congo occidental. L'allure du bassin du Niari au sens large du terme, d'un vaste synclinal, est déterminée par son origine tectonique. Si la tectonique a imposé les grands traits du relief, la nature des roches et des faits locaux de géomorphologie en ont modulé le détail.

Le caractère calcaire ou magnésien domine, mais la composition et la structure des roches sont très variées (figure n° 11). Les formations schisto-calcaires constituent un ensemble remarquable. Les niveaux très durs des calcaires sont utilisés comme ballast au Chemin de Fer Congo-Océan.

Les sols sont d'origine complexe. Il s'agit, le plus souvent, de formations superficielles anciennes déjà très évoluées et profondément remaniées. Ils sont constitués par les produits de la décalcification auxquels se sont ajoutés des apports étrangers importants, notamment gréseux. Ceci explique l'homogénéité relative des grands ensembles de sols et le fait qu'il n'est guère possible de relier les types de sols aux faciès lithologiques sous-jacents. Ces sols comportent une proportion d'argile de l'ordre de 60 à 70 %, ce qui leur permet de conserver une bonne structure et également d'avoir une bonne perméabilité. Le lessivage de l'argile reste faible et limité aux horizons superficiels. L'érosion n'intervient que sur des pentes déjà fortes. La question de savoir jusqu'à quel point les sols de la vallée du Niari dérivent de la décomposition des calcaires n'est pas complètement résolue. Koechlin (1961) mentionne que, dans de nombreux cas, ces sols ne sont pas en place mais ont subi de nombreux remaniements. Des éléments d'origine diverse ont contribué à leur constitution.

Étant donné l'importance et la nature des formations superficielles qui sont à l'origine de la plupart des sols de la vallée du Niari, ce sont essentiellement des sols ferralitiques que l'on rencontre. On y trouve aussi des sols hydromorphes, des sols alluviaux, des sols érodés dans les cas fréquents où les horizons superficiels ont disparu. Il convient de distinguer entre sols de forêt et sols de savane : dans ces derniers, la litière de débris végétaux est pratiquement inexistante et la matière organique provient surtout de la décomposition sur place des racines.

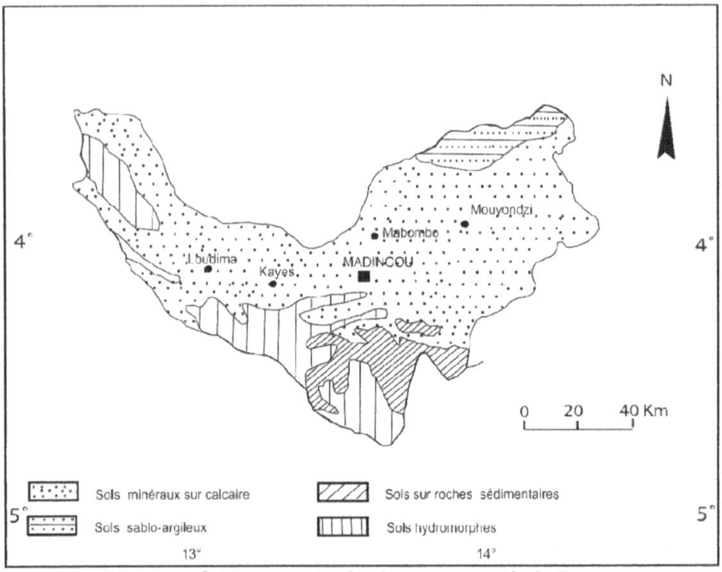

Figure n° 11 : Les sols du département de la Bouenza

G. Martin, faisant la synthèse des travaux de l'ORSTOM, procède à la classification des sols de la Vallée du Niari d'après leur potentiel de fertilité. En premier lieu, il y a les sols alluviaux. Ils sont d'origine ferralitique et remaniés par alluvionnement. Ils n'occupent que des surfaces réduites et dispersées surtout le long du Niari et de certains affluents. Il existe environ 11 000 ha de ces sols alluviaux, le long du Niari, entre Bouansa et la Kibouba. Leur potentiel chimique est relativement bon, ainsi que les qualités physiques, et ils justifieraient des travaux d'aménagement (drainage, irrigation). Ces sols, fort peu utilisés en culture industrielle, servent à des cultures vivrières manuelles avec une rotation culture-jachère assez accélérée. En second lieu, figurent les sols argileux de plateau. Ce sont les sols qui, du fait de l'absence de forte pente, se prêtent le mieux à une exploitation agricole de type mécanisé. De ce fait, ils ont été largement cultivés entre Loudima et Madingou (culture mécanisée) et sur les plateaux de Mouyondzi (culture manuelle). Ces sols sont en général suffisamment profonds, sauf parfois en bordure des plateaux (affleurement de l'horizon gravillonnaire). Malgré une texture lourde, ils ont une structure assez fine pour permettre de nombreuses cultures y compris l'arachide.

G. Martin fait une mention particulière sur les sols colluviaux de bas de pente que l'on trouve dans et en bordure de la zone des plateaux de la vallée du Niari. Étant donné l'exiguïté et la pente des parcelles, seules les cultures manuelles sont possibles. Une intensification des cultures vivrières sur ces terres peut être envisagée. Les sols argilo-sableux à sablo-argileux de la plaine de piedmont, peu favorables à la grande culture à cause de leur fragilité, supportent tout de même une exploitation semi-intensive agro-pastorale. En dernier lieu, il parle des sols colluviaux situés au pied des reliefs calcaires ou dolomitiques qui fournissent de petites parcelles qui donnent de beaux produits[15]. Gilles Sautter conclut sur ce point que :

> Les sols de la vallée du Niari, s'ils ne sont pas exceptionnels de fertilité, permettent une mise en valeur sûre, sous réserve d'observer certaines règles...des sols dotés d'un certain nombre de qualités, au regard de l'agriculture africaine traditionnelle, et plus encore de l'agronomie moderne[16].

À ce propos, J. D. Nzila et B. Nyété (1999) pensent que la pratique paysanne de l'écobuage, appelée *maala* dans la vallée du Niari, est relativement élaborée et paraît bien adaptée[17].

Un réseau hydrographique axé sur le fleuve Niari

Le réseau hydrographique, comme on peut s'y attendre, se rattache au bassin versant du Niari qui s'étend sur environ 690 Km^2. Il prend sa source sur les plateaux batéké, en amont de Vindza dans le département du Pool. Les plateaux batéké sont qualifiés de château d'eau du Congo du fait que de nombreux cours d'eau dont la Bouenza, la Djouéké, la Loukouni (affluents du Niari), le Djoué, la Léfini, la Nkéni, l'Alima (affluents du

---

[15] G. Martin, 1970 : « Synthèse agro-pédologique des études de l'ORSTOM dans la vallée du Niari en République du Congo ». Paris, *Cahiers O.R.S.T.O.M., série Pédologie*, vol. VIII, no 1, pp. 63-79.

[16]G. Sautter, 1966. *op.cit.*

[17] J. D. Nzila ; B. Nyété, 1999 : « Pratiques culturales paysannes au Congo : influence de l'écobuage sur l'évolution de la fertilité des sols de la vallée du Niari ». *In* : B. Dupuy, R. Nasi. *Gestion des écosystèmes forestiers denses d'Afrique tropicale.* 145 p.

Congo) et l'Ogooué y prennent leur source (figure n° 12). Le fleuve Niari, à l'origine, se nomme N'douo, tandis que son cours inférieur, de la traversée de la chaîne du Mayombé à l'océan Atlantique, porte le nom de Kouilou. Le bassin versant du Niari témoigne d'une intense érosion et présente les traces d'un rajeunissement.

Les caractéristiques hydrologiques de ce bassin versant du Niari ont été détaillées par Briquet (1993), Laraque et Maziézoula (1995). Le Niari est le grand bassin versant du Sud- Congo (55 000 Km² à Sounda à quelques dizaines de kilomètres de l'exutoire sur l'océan). C'est un bassin particulièrement complexe, notamment au plan géologique. La plus forte valeur (26,6 l/s/Km²) est observée sur le Ndouo à Mounkomo qui draine une des régions les plus arrosées du bassin supérieur du Niari et qui, de plus, est recouverte d'une savane claire sur sol sableux très perméable. Les eaux de pluie s'infiltrent rapidement et profondément dans ces sables dits des plateaux batéké. Elles donnent ainsi lieu à une évapotranspiration relativement réduite. Lorsqu'on descend le cours du Niari, le module spécifique décroît sensiblement de 20,9 l/s/Km² au bac SAFEL, à 20,1 à Kayes et 16,7 à Loudima. La diminution générale de la pluviométrie vers l'aval ne suffit pas à expliquer ce fait. Il s'accompagne de conditions géologiques et pédologiques. Les sables Batéké font place, en effet, à des sols moins perméables et plus fertiles qui supportent une végétation forestière ou une savane arbustive.

Malgré la diversité de son cours et de ses affluents, ce fleuve conserve partout son régime tropical austral. À Mounkomo (3 384 Km²), le régime est bimodal avec de hautes eaux en décembre et mai, un étiage en septembre. À Loudima (23 385 Km²), le régime est toujours bimodal, avec des crues maximales en décembre et mai, un étiage en septembre. Le module interannuel passe de 79,2 m³/s à Mounkomo à 172 m³/s à la SAFEL, 392 m³/s à Loudima. Les affluents de la rive gauche descendent le plateau des Cataractes avec des cours à caractère torrentueux, du confluent de la Loukouni à celui de la Loudima. C'est le cas de la Comba, la Louvisi, la Loutété et la Nkenke. La Loudima et la Nkenke sont les principaux affluents de cette rive du Niari. Elle draine les contreforts sud-est du Mayombe et la chaîne gréseuse des monts de Ngouedi.

Le régime de la Loudima est nettement bimodal, avec des crues qui peuvent être violentes en décembre et surtout en avril-mai ; l'étiage se situe en octobre. Son module à Loudima de 32 m^3/s et surtout son débit spécifique de 8,02 $l/s/Km^2$ et son coefficient d'écoulement de 20,3 % sont particulièrement faibles.

Parmi les affluents de la rive droite, on rencontre également des cours à caractère torrentiel descendant du rebord du plateau de Mouyondzi-Sibiti et des rivières plus importantes qui ont drainé toutes les eaux de ces plateaux, comme la Bouenza et la Louessé.

La Bouenza : cette rivière prend sa source symétriquement à la Mama entre les plateaux de Djambala et Koukouya. Elle conserve, durant plus de 150 Km, une direction sud-ouest, coulant sur les grès en bordure du massif cristallin du Chaillu. Après un coude brusque qui lui fait adopter la direction sud-est, elle saute, aux chutes de Miambou (72 m), le rebord du plateau gréseux et va se jeter dans le Niari, au-delà d'une série de puissants rapides. Son bassin versant fait un peu plus de 5 000 Km^2. Le bassin de la Bouenza à Moukoukoulou est presque aussi arrosé que celui du Ndouo à Moukomo. Mais il est, en grande partie, couvert de forêt. Son régime est aussi bimodal avec une crue très nette en avril-mai, celle de décembre étant moins marquée. L'étiage a lieu en septembre et la Bouenza garde de son origine batéké une régularité assez marquée. Le module de la Bouenza à Miambou (115 m^3/s), son débit spécifique (23,4 $l/s/Km^2$) et son coefficient d'écoulement (44 %) rappellent le régime batéké.

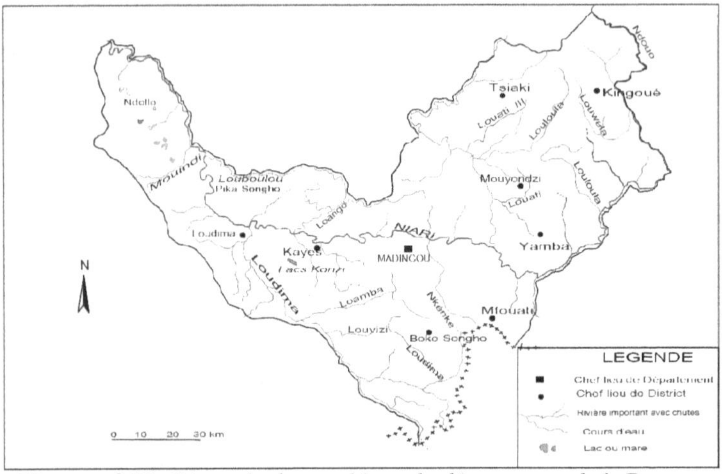

Figure n° 12 : Réseau hydrographique du département de la Bouenza

La Louessé : c'est le principal affluent du Niari avec un bassin versant de près des 16 000 Km². De plus, elle draine un bassin versant presque entièrement granitique (ce qui est une situation originale pour le bassin du Niari) et situé dans le massif du Chaillu, où elle prend sa source à plus de 800 m d'altitude. Le réseau hydrographique de la Louessé et de ses principaux affluents, la Mpoukou et la Lélali, présente une remarquable forme arborescente, favorable à des crues importantes et rapides. Le régime est encore bimodal avec une crue principale en avril et un maximum secondaire peu remarquable en décembre. L'étiage se situe en général en octobre. Le module inter annuel à Makabana (319 m³/s), le débit spécifique (20,4 l/s/Km²) et le coefficient d'écoulement (37,6 %) sont assez élevés.

Cette distinction hydrologique met aussi en exergue la nature des différents types de sols, de roches-mères et de pluviométrie de la vallée du Niari. Ces rivières sont soumises à des variations saisonnières de débit considérables. Il n'est pas rare de voir un cours d'eau, les moins importants par exemple, tarir pendant la saison sèche et se gonfler après une tornade.

Des formations végétales essentiellement herbacées

La répartition des formations végétales comporte deux grands ensembles qui sont fonction des conditions édaphiques : les formations herbacées (savanes) et les forêts. Ces deux types de végétation peuvent, à certains endroits, coexister ou s'entremêler. Il n'est pas rare de passer d'un couvert forestier à une savane sans formation végétale de transition. Les sols de la plaine du Niari nourrissent un tapis dense de hautes herbes. Dans les fonds alluviaux, les bourrelets de berges portent un peuplement presque pur d'herbe à éléphants, haute de 3 à 4 mètres. En arrière, une savane herbeuse ou légèrement arbustive occupe les sols un peu plus argileux. Mais la savane vraiment typique de la vallée du Niari est caractérisée par la dominance presque exclusive d'une graminée de haute taille, *Hyparrhenia diplandra.* Elle occupe une vaste superficie le long du fleuve Niari, entre Loudima et Loutété. Le tapis herbacé est alors bien mieux fourni et reste vert plus longtemps. Tout se passe comme si l'on avait affaire à un sol profond ou bien alimenté en eau.

Si les bois ne sont pas totalement absents de la plaine, ils n'y occupent que des surfaces infimes. Quelques tronçons de galeries accompagnent les rivières. En amont de Loudima, la savane s'étend habituellement jusqu'aux bords du Niari. D'autres bois, dans la région de Madingou surtout, forment des taches très discontinues à la limite méridionale de la plaine. La masse des herbes constitue, dans l'intervalle des périodes de culture, une jachère aussi efficace que la forêt. Dans les fonds, l'espèce vivace assure une repousse convenable en saison sèche, après les feux, et est susceptible de se maintenir verte pendant presque toute la durée de la saison sèche[18].

Encadrée par des régions de forêt ombrophile du Chaillu au nord et du Mayombe à l'ouest, et par des régions de formations herbeuses à *Loudetia demmensii* des plateaux batéké à l'est et à *Aristida* au sud, sur le plateau des Cataractes, la vallée du Niari est au contraire une région de prédilection des formations herbeuses, avec quelques îlots de forêt ombrophile comme le présente la figure n° 13.

---

[18] G. Sautter, 1966 : *De l'Atlantique au fleuve Congo. Une géographie du sous-peuplement. République du Congo. République Gabonaise*, Paris, Mouton & Cie, 2 vol., 1102 p.

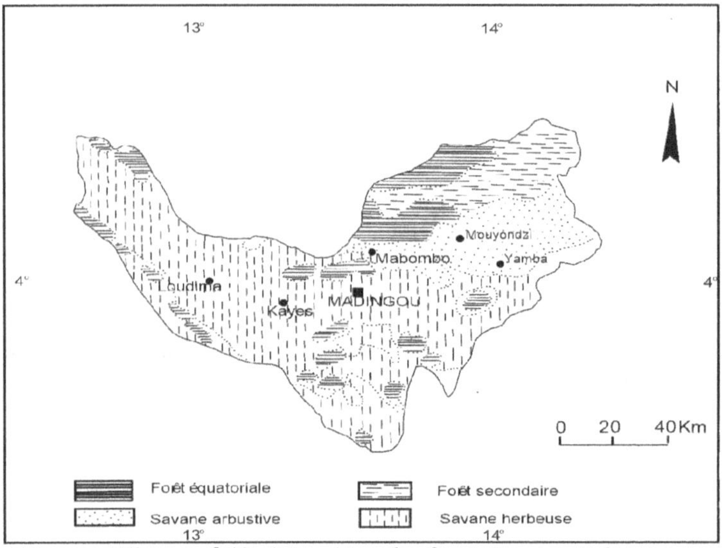

Figure n° 13 : Répartition des formations végétales

Koechlin (1961), Descoings (1975) et Guillot (1978) dans leurs études ont différencié les formations suivantes :

- *les formations forestières :* elles se présentent sous des aspects variés, en fonction des conditions édaphiques et de leur degré d'exploitation. Au-delà de la distinction physionomique des forêts ombrophiles, chaque espace peut présenter des nuances et se caractérise aussi par sa structure, sa composition floristique et son degré d'utilisation communément appelé état de dégradation. Ces forêts ombrophiles se limitent à d'étroites galeries, à quelques boqueteaux d'origine humaine et à un certain nombre d'îlots forestiers plus importants situés sur la rive droite du fleuve. Pour Descoings (1975), ces îlots représentent des témoins avancés des massifs forestiers voisins, généralement constitués de forêts remaniées à *Limba.* Actuellement, on constate une nette tendance à la progression des lisières et au boisement des enclaves de savanes autour des îlots forestiers, particulièrement sur la rive droite du Niari. Seul le feu constitue le facteur d'équilibre entre les formations herbeuses et forestières.

On rencontre aussi aux sommets des collines ou sur l'emplacement d'anciens villages une forêt sous forme de bosquets avec une flore riche et variée où se mêlent les espèces fruitières (avocatiers, safoutiers, manguiers, agrumes,...) et les espèces forestières comme *Tetrorchidium didymostemon*. Le mélange des espèces forestières est souvent observé aussi dans la zone de contact avec la savane.

• *les formations herbeuses :* la vallée du Niari est la région où les formations herbeuses sont d'une remarquable homogénéité structurale. Ces formations comportent un peuplement arbustif de densité variable mais le plus souvent faible, formé d'individus de taille médiocre (1 à 5 m), et un tapis herbacé, pouvant atteindre 3-4 m de hauteur, formé principalement de graminées de forte taille avec quelques rares chaméphytes. Koechlin (1961), Descoings (1975), Guillot (1978) en font une large description : c'est une masse de végétation, en général très dense, qui assure du point de vue phytosociologique un recouvrement très fort. La topographie détermine dans les sols des modifications, sous l'action de l'érosion, du lessivage et du colluvionnement. Au sein des formations herbeuses du Niari, Koechlin (1961) et Guillot (1978) distinguent deux principaux types de formations herbacées (savane sans *Hymenocardia acida* et savane à *Hymenocardia acida*). La savane à *Hyparrhenia* et *Hymenocardia acida* occupe des sols d'origines diverses mais caractérisés par la présence de sables : colluvions gréseux, alluvions sableuses du Niari d'origine batéké, sols argileux à argilo-sableux du plateau de Mouyondzi sur cuirasse ferrugineuse, sols de décomposition des calcaires moyens riches en quartz de néoformation. L'aire qu'elle couvre est disloquée et s'étend en gros sur les deux marges de la vallée du Niari.

Le peuplement ligneux est généralement dense avec des arbustes. L'*Hymenocardia acida*, toujours dominante, atteint quelquefois 4 m de hauteur. L'accompagnement quasi normal se fait avec les *Anona*, *Vitex madiensis*, en proportion notable. Sur les sols les moins riches, en particulier dans le Sud de la vallée, le

Syzygium macrocarpum devient parfois l'élément dominant. Le tapis herbacé atteint 1,5 à 2 m de haut avec un fort recouvrement et comporte deux strates. La strate supérieure est constituée essentiellement par l'*Hyparrhenia diplandra*, accompagnée en importance variable par l'*Andropogon pseudapricus*. La strate inférieure, beaucoup moins fournie, comprend surtout *Schizachyrium platyphyllum* et *Panicum fulgens*.

La savane à *Hyparrhenia diplandra* occupe la plus grande partie de la vallée du Niari. Les peuplements arbustifs ont une faible densité. Au moment du plein développement du tapis herbacé, ils ont tendance à disparaître dans une masse herbeuse. Deux espèces dominent, l'*Anona arenaria* sur les sols mieux drainés et relativement peu humides et la *Bridelia ferruginea* qui préfère les zones plus humides et les bas de pente. Le tapis herbacé essentiellement composé de graminées est très dense, avec un recouvrement supérieur à 100 %. Il dépasse le plus souvent 2 m de hauteur. La strate supérieure est formée par un peuplement très dense d'*Hyparrhenia diplandra* souvent presque pure ou avec les *Panicum phragmitoides*, *Hyparrhenia cyanescens*. La strate inférieure, qui atteint 50 cm de hauteur, ne dépasse pas 30 % de recouvrement. On y trouve essentiellement les *Schizachyrium platyphyllum*, *Panicum fulgens*, avec les *Andropogon schirensis*, *Imperata cylindrica* et un nombre d'espèces non graminéennes, en importance généralement très faible. Cette forme qui est la plus riche et la plus répandue recouvre les meilleurs sols et les positions topographiques les plus favorables.

D'après G. Samba (2000), l'origine de ces savanes est très controversée. Certains auteurs comme Aubreville (1949) ont considéré que cette savane était le signe d'une déforestation ou d'une désertification. D'autres, comme Germain (1965), Wildeman (1933, in Koechlin, 1961) pensent qu'il s'agirait d'une formation herbeuse d'origine anthropique. Ils s'appuient sur l'existence de traces de savanisation récente observée aux abords des villages où la sur-culture sur des recrûs forestiers entraîne une série régressive aboutissant à la savane à *Hyparrhenia diplandra*. Pour Aubreville (1949), les savanes boisées auraient deux origines : les feux de brousse, d'une part, et les défrichements culturaux d'autre part. Cette hypothèse place l'homme et la pression démographique comme cause première. Cependant, il n'est pas prouvé que la population dans cette région était plus nombreuse dans le passé qu'actuellement. De plus, les moyens de défrichement et d'exploitation agricole des populations n'ont jamais été très performants. À l'opposé, d'autres auteurs dont Koechlin (1961) attribuent l'origine de la savane à des causes édaphiques. Ils pensent que le feu ne peut pas être à l'origine de la formation de la savane. Elle se serait développée sur des substrats défavorables à la forêt. Ainsi, pourrait-on expliquer que cette savane varie selon qu'on est sur le plateau des Cataractes au sud, sur les plateaux batéké à l'est ou dans la vallée du Niari. Même si la savane peut être une réponse aux conditions édaphiques, le passage rapide d'une forêt à une savane, la progression de la forêt et la présence des savanes incluses posent problème et invitent à une analyse spatiale ou temporelle plus fine de la variation de nature de la végétation et des sols, des conditions stationnelles car, à cette échelle, le climat peut être considéré comme homogène.

Il faut ajouter le rôle sensible des feux de brousse dans la dégradation ou la régénération des savanes. Les feux de brousse concernent, ici, les feux agricoles courants et les incendies accidentels. À de rares exceptions, toutes les savanes brûlent chaque année de juin à octobre et quelquefois de janvier à mars. Mais le rôle des feux sur la végétation de savane est très controversé et a fait l'objet de nombreux travaux (Aubreville, 1949 ; Koechlin, 1961) dans lesquels se sont exprimées des opinions diverses et contradictoires. En effet, ces auteurs pensent que le feu a un rôle favorable sur la savane, notamment dans sa régénérescence. Ils s'appuient sur le fait que les espaces brûlés présentent, à la reprise, de nombreuses germinations de graminées. Cette hypothèse est fondée sur le fait que l'action du feu passe très vite, cisaille les chaumes, les fait tomber et brûler loin de leur souche. C'est ce qui se produit dans les savanes à *Loudetia* par exemple sur le plateau des Cataractes. Dans les peuplements d'*Hyparrhenia*, le processus est un peu différent : le feu passe rapidement et trouve son aliment dans les feuilles et l'inflorescence. La mise à nu du sol chaque année, au début de la saison sèche, est alors un facteur d'accroissement de l'érosion pluviale. Les sols sont dépourvus de toute matière organique et souvent tronqués. Par contre, dans les espaces non brûlés, la reprise des graminées est très lente et moins dense. Le sol est cependant bien couvert par les chaumes.

Pour Koechlin (1961), le feu favorise la germination des graminées. Cette thèse s'appuie sur le fait que, dans les zones où la savane n'a pas été brûlée deux ou trois fois, on note une avancée de la forêt sur la savane. Néanmoins, il faut reconnaître que le feu est destructeur des couches superficielles des sols qui porteraient l'humus, donc moins bénéfique au niveau de l'agriculture. Mais à en croire Gilles Sautter la savane, accessible et ouverte aux communications, offre de l'air et de la lumière. Elle fait du Niari un pays accueillant ; c'est sur elle qu'ont à compter les agriculteurs de plaine[19].

Les caractéristiques climatiques

De par sa situation géographique, la vallée du Niari est placée sous l'influence climatique d'origine atlantique. Ceci lui confère un climat du type tropical humide à tendance océanique. L'anticyclone de Sainte-Hélène détermine ces basses températures en saison sèche (10°-15° C) et ces faibles précipitations. En saison de pluies, les températures peuvent atteindre 35° C le jour. Les températures moyennes qui sont autour de 25,3° C restent presque uniformes toute l'année et placent ce plateau dans une zone relativement chaude. Les températures les plus basses sont enregistrées à Sibiti (18° C) et les plus élevées à Mouyondzi (27,4° C). En outre, ces températures sont sous l'influence prépondérante des températures de surface de l'océan Atlantique. Les précipitations moyennes vont de 1000 mm par an au sud dans un noyau déficitaire vers Madingou à 1600 mm au nord. Les températures de l'air ont de faibles amplitudes annuelles de 5 à 8° C. L'amplitude absolue atteint 15 à 20° C. La température moyenne en janvier est de 28,4° C, et de 17,2° C en juillet. À cause des vents dominants du SW, le climat sur le plateau des Cataractes est sous l'influence prépondérante de l'océan Atlantique. L'humidité absolue relative de l'air atteint 70 à 90 %. Le rythme saisonnier est fonction du balancement latitudinal de la ZCIT (Zone de convergence intertropicale) auquel s'associent les influences maritimes à partir des anticyclones de Sainte-Hélène, des Mascareignes et de la dépression de la Cuvette congolaise.

---

[19]G. Sautter, 1966, *op.cit.*

Cette faiblesse des précipitations constatée est liée à la position d'abri de la vallée du Niari par rapport à la chaîne de montagnes du Mayombe. En effet, de par sa position sous le vent, vis-à-vis de la chaîne de montagnes du Mayombe, disposée de façon parallèle à l'océan, ses flux sont soumis à un mouvement d'ascendance orographique forcée. Les pluies présentent un régime de type bimodal à deux maximums et deux minimums. Le maximum principal est en novembre-décembre. Le minimum principal se situe en juillet et le minimum secondaire, correspondant à un fléchissement de la saison des pluies, se place en janvier ou février. Le fléchissement pluviométrique est très peu marqué. Les mois les plus arrosés sont mars, avril et novembre. L'insolation moyenne annuelle est faible à cause de la forte nébulosité. La variation saisonnière est importante avec un minimum en fin septembre et un maximum en avril ou novembre. Quel que soit le mois considéré, la durée d'insolation n'a jamais atteint six heures par jour tout au long de l'année.

L'humidité relative de l'air est partout élevée. Elle est supérieure à 85 % dans les zones de forêt et à 80 % ailleurs. Elle a une faible variation saisonnière : 10 à 11 %. Le maximum est atteint en saison de pluies et le minimum en saison sèche. Sa variation journalière est très marquée.

La mise en valeur du département de la Bouenza à l'époque coloniale

Les potentialités agricoles du département de la Bouenza

Le département de la Bouenza possède d'énormes possibilités de mise en valeur notamment celles concernant l'agriculture et l'élevage comme le montre la figure n° 14. Évoquant les potentialités agricoles de la vallée du Niari, Gilles Sautter écrit que cet espace offre un bon terrain d'application par ses atouts naturels et son milieu humain particulièrement réceptif[20]. La présence des axes de communication les plus importants du pays (chemin de fer Congo-Océan, route Dolisie-Gabon...) y a favorisé depuis longtemps l'implantation de toute une gamme d'activités,

[20] Gilles Sautter, 1966 : *De l'Atlantique au fleuve Congo. Une géographie du sous-peuplement. République du Congo. République Gabonaise.* p. 708.

notamment agricoles. La constitution de vastes domaines coloniaux et l'installation de divers instituts de recherche agronomique tropicale ont été à l'origine d'un secteur agricole moderne. Ainsi, plusieurs fermes avicoles privées existaient autrefois dans la vallée du Niari.

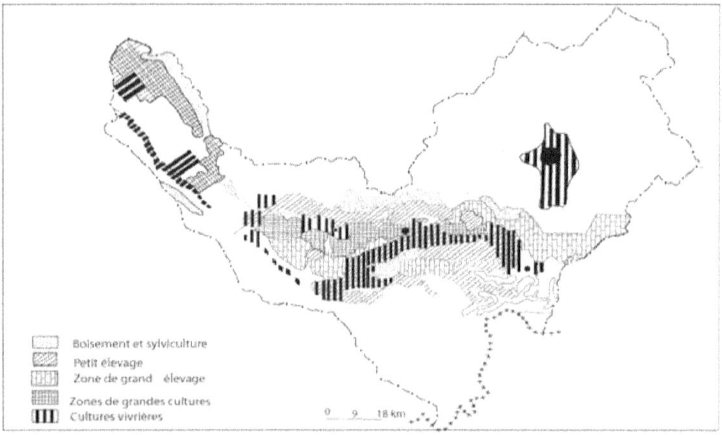

Figure n° 14 : Possibilités de mise en valeur du département de la Bouenza Source : ORSTOM, 1965, Quinze ans de travaux et de recherche dans les pays du Niari (Extrait modifié par P. Moundza)

Dès le début des années 1950, dans la mouvance des fermes d'Aubeville, des cultivateurs congolais, séduits par le modernisme technique, avaient sollicité et obtenu le labour de leurs champs par le tracteur desdites fermes. Dans cet élan, est mis en place en 1955, aux environs immédiats de Madingou, un paysannat semi-mécanisé. Une partie du travail est exécutée par des machines et le reste par les cultivateurs ou leurs familles. Cette innovation suscite un engouement qui, selon Gilles Sautter, s'explique par les salaires distribués, l'activation sociale et l'équipement de la région grâce aux exploitations européennes. Les femmes ne sont plus seules à planter l'arachide ; d'anciens salariés s'établissent à leur compte. Alors, produire et vendre deviennent la grande affaire des villages[21]. Très vite, la population avait afflué. Les environs immédiats de Madingou et de Loudima constituaient les points de congestion où les villages se serraient autour du poste et de la

[21] G. Sautter, *op.cit.*, p. 713.

gare. Les exploitations agropastorales européennes continuaient d'attirer une main-d'œuvre importante. Alors, face à la demande en vivres des nombreux salariés, les villageois étendaient leurs cultures.

Les fermes agropastorales coloniales

Le département de la Bouenza a connu l'agriculture mécanisée au lendemain de la Deuxième Guerre mondiale. Il s'agit des activités agricoles réalisées par les colons français installés dans quelques villages de la vallée du Niari. Dans le district de Loudima, nous pouvons citer les cas de Sagot Manière à Kibaka, Caissot à Kimanga-Panza et Lambote à Maléla. Sagot Manière installé à 5 Km de Loudima-poste, sur la route nationale n° 1, pratiquait l'élevage bovin et la culture attelée. Son matériel composé de charrues, de sarcloirs, de semoirs, etc, lui permettait de réaliser d'importants travaux. Il cultivait principalement l'arachide en utilisant les populations locales comme main-d'œuvre. Caissot s'était installé à 15 Km de Loudima, sur la route de Mont Bélo. Il était équipé de gros engins (tracteurs et bulldozers) qui lui permettaient de pratiquer la culture de la pomme de terre, de la tomate, des aubergines et des choux pommes. Il a introduit la technique d'irrigation dans cette contrée alors qu'auparavant les paysans n'utilisaient que des arrosoirs pour le jardinage. Il écoulait ses produits au Congo et au Gabon. Lambote s'était attelé à l'élevage porcin et à l'aviculture à Maléla, en association avec la culture mécanisée de l'arachide, du maïs et du manioc. Ottino avait installé une féculerie et une huilerie à Kayes.

Les conditions naturelles ont milité en faveur du passage du tracé du Chemin de Fer Congo-Océan dans le département de la Bouenza. Elles sont aussi favorables aux activités agricoles et du reste, selon les zootechniciens, toutes les savanes du Niari sont utilisables pour l'élevage, particulièrement celui des bovins. En même temps, elles demeurent un atout majeur pour l'essor des activités économiques et pour l'implantation humaine dans cette partie du pays. Gilles Sautter trouve que les populations aiment vivre en savane et qu'il existe une relation entre la densité de la population et la fertilité des sols. Ces derniers offrent, toujours selon lui, une savane facile à défricher. *Quelle aubaine pour l'agriculture, et spécialement* *pour une agriculture désireuse et capable d'exploiter les vastes étendues planes disponibles dans la vallée !*s'exclame-t-il.

Ainsi, les conditions naturelles participent à l'organisation de l'armature urbaine et à l'impulsion de la vie économique dans le département de la Bouenza. La Bouenza compte parmi les départements les plus riches du Congo, sur les plans agricole et industriel. Elle occupe une place de choix dans l'économie nationale grâce aux activités agricoles et aux unités de production qui y sont installées. Couramment, le département de la Bouenza est qualifié de grenier du Congo à cause de son dynamisme agricole. Parmi ces unités, figurent la centrale hydroélectrique de Moukoukoulou, la cimenterie de Loutété, l'usine de sucre de Nkayi, la mine de polymétaux de Mfouati, l'usine de broyage de calcaire de Madingou. Ce département a servi pendant longtemps de cadre à de très nombreuses activités agro-industrielles (plantations d'eucalyptus, station fruitière, cultures vivrières intensives et de paddy à Loudima, plantations de canne à sucre à Nkayi, plantation de coton et culture de maïs et de paddy à Madingou, plantation de manioc à Bouansa et usine de ciment à Loutété). Ces activités, pour des raisons diverses, ont été abandonnées les unes après les autres. La seule activité qui résiste et qui ne cesse de prendre de l'ampleur est la culture de la canne à sucre. Le département de la Bouenza se place au deuxième rang pour la production de manioc, avec près de 20 % de la production annuelle nationale et au premier rang pour l'arachide et le maïs, avec respectivement 33 et 48 % du total national.

Sur l'ensemble de la production agricole du département, la culture la plus pratiquée est le manioc (95,60 %), suivi de très loin par la banane (3,35 %), l'arachide (0,40 %) et le maïs (0,23 %). À ces cultures s'ajoutent les agrumes, l'igname et le haricot. Bouansa fournit la plus grande production de manioc, Madingou celle d'arachide et Kayes celle de banane.

La mécanisation actuelle de l'agriculture dans la Bouenza

L'agriculture du Congo est fondée actuellement sur le système d'exploitation traditionnel de type familial, utilisant un outillage rudimentaire (houe, machette et hache) et des techniques archaïques (défrichage par le feu et refertilisation par la jachère naturelle). Le système foncier repose sur la propriété clanique : les terres sont d'accès libre aux membres du clan et à leurs « clients ». Ces derniers sont par naissance étrangers au clan ; mais ils y vivent plus ou moins intégrés dans les liens séculaires soudant le clan dans la solidarité viagère. Chaque ménage exploite un lopin de terre en usufruitier, avec une libre disposition sur les cultures qu'il y pratique. Les terres qui retournent à l'état de friche sont, de ce fait même, reversées dans le patrimoine foncier indivis du clan. La quasi-totalité des populations du département de la Bouenza vivent sur ce système[22]. Cependant, la rente foncière ou *Mbandou* que les propriétaires fonciers imposent aux exploitants agricoles non propriétaires constitue un véritable obstacle au développement de l'agriculture. Les exploitants agricoles sont condamnés à payer une rente foncière annuelle de 20 000 à 50 000 F CFA par hectare. La durée d'exploitation du domaine est d'une année. Les propriétaires fonciers exercent ainsi une forte pression sur le monde agricole. Il est formellement interdit de planter les arbres fruitiers de peur que le champ ne devienne définitivement la propriété de l'exploitant[23].

Le machinisme et le salariat agricoles sont des éléments innovants dans le département de la Bouenza. La mécanisation de l'agriculture est presque générale dans tout le département de la Bouenza, surtout dans les districts de Loudima, Kayes, Madingou et Mouyondzi. Les tracteurs utilisés dans les travaux appartiennent aux particuliers. Cependant, on note l'apport de l'État congolais à travers les ministères de l'Agriculture et de l'Élevage, et celui de la Jeunesse qui a des engins à Loudima, Mont Bélo et Bouansa. À Loudima par exemple, on dénombre une dizaine de tracteurs appartenant aux particuliers, aux confessions religieuses (Association Louzolo Amour) et trois au ministère de la Jeunesse. Le tracteur a fait aussi son entrée à Loutété. Ainsi, sur la rive droite du fleuve Niari, s'étalent des champs de manioc sur lesquels sont employés plus d'une vingtaine de travailleurs agricoles. Le labour et la pulvérisation sont faits à la machine.

La mécanisation agricole est l'une des réponses que l'État du Congo apporte à la question de l'amélioration des rendements et de l'investissement dans l'agriculture. Le Congo coopère avec le Fonds

---

[22] J. F., Yekoka, 2007 : « Droit foncier et retour au domaine dans le « pays de Boko-Songho » (fin XIXe-début XXIe siècle) », *Les Cahiers de l'IGRAC* n° 2, 2007, pp. 49-59.

[23] Entretien avec le chef de secteur agricole de Nkayi-Kayes, août 2010.

International pour le Développement de l'Agriculture (FIDA) pour développer et moderniser son secteur agricole. La République du Congo a fait de l'agriculture un des secteurs clefs dans sa stratégie de développement. En fait, le pays s'engage à accélérer la croissance par la promotion du développement agricole. Le secteur agricole est en pleine mutation. Les pouvoirs publics veulent rendre compétitive l'agriculture nationale et renouer avec l'autosuffisance alimentaire par le biais de la mécanisation, de la promotion des petits producteurs et de l'agrandissement de la surface moyenne des parcelles cultivées.

La politique de développement agricole du Congo vise à garantir la souveraineté alimentaire et à faire du secteur agricole le moteur de l'économie nationale en vue d'assurer le bien-être des populations. Elle s'appuie sur la promotion de la modernisation de l'agriculture familiale et de l'entreprise agricole pour favoriser l'émergence d'un secteur agro-industriel structuré, compétitif et intégré. Cependant, la production agricole est très peu transformée. Les conséquences du manque d'industries de transformation des produits agricoles sont graves, notamment pour les produits périssables. Les raisons de cette faiblesse de l'agro-industrie sont principalement le faible nombre d'entrepreneurs industriels capables d'investir et la réticence extrême des structures de microfinances[24].

En réponse à ces préoccupations, le ministère de l'Agriculture et de l'Élevage a mis des tracteurs à la disposition des producteurs avec, en appui, une assistance technique aux bénéficiaires. Les opérations mécanisées devraient ainsi permettre d'amorcer des changements significatifs dans les modes de production du paysan en relativisant la pénibilité des actions agricoles et en faisant progresser la moyenne d'exploitation de l'ordre d'un demi-hectare. En mobilisant l'investissement public, le gouvernement prend la mesure des limites des opérateurs et des producteurs agricoles du Congo. Les pouvoirs publics veulent inciter les exploitants agricoles à progressivement quitter le seuil de la petite production familiale pour évoluer vers des systèmes et des formes de production plus compatibles avec à la fois le développement démographique du Congo et surtout les besoins en nourriture qui seront de plus en plus importants.

Toutefois, la réflexion de Damien Tavayi apporte quelques nuances à cette ambition volontariste. Il estime que la sortie de l'agriculture du gouffre dans lequel elle se trouve ne se fera pas par l'importation de machines agricoles peu adaptées aux conditions naturelles locales (sols, climat, végétation), à l'initiative des seuls technocrates confortablement assis dans leurs bureaux climatisés, à qui échappe la réalité du terrain. Il sied, dit-il, d'étudier les problèmes réels qui la minent d'un commun accord avec les paysans, afin d'apporter des solutions durables[25].

D'après les résultats du recensement agricole de 1972/1973, organisé par le ministère de l'Agriculture et de l'Élevage, dans le Département de la Bouenza, 270,9 Km² soit 2,2 % de la superficie régionale sont consacrés aux activités agricoles[24]. Les districts de Mouyondzi, Madingou et Loudima concentrent 54,0 % des superficies cultivées du département de la Bouenza avec respectivement 12 500 ha, 6 000 ha et 5 800 ha. Concernant la propriété foncière, 50,5 % des ménages ruraux possèdent des terres tandis que 45,3 % utilisent des terres dont ils ne sont pas propriétaires[25].

Actuellement, les champs cultivés dans le département de la Bouenza ont des dimensions variant entre 0,25 et 1 ha. La taille moyenne des exploitations est de 150 ares ; elle est de 0,5 ha au niveau national. Certaines personnes nanties, dites grands agriculteurs, entretiennent des plantations de l'ordre de 5 à 20 ha. Toutefois, les plus nombreux ont entre 1 et 5 ha ; d'autres possèdent entre 0,25 et 1 ha. Au centre de l'activité agricole paysanne, se trouve la culture du manioc.

Dans le cadre d'une étude menée par le Centre de Recherches Agronomiques de Loudima (CRAL) sur l'adaptation des variétés de manioc (*Manihot esculenta Crantz*) face aux changements climatiques dans la vallée du Niari, entre 2007 et 2009, quelques producteurs agricoles de Loudima ont bénéficié de boutures de manioc dont l'évaluation en rendement de production s'est faite entre 6 et 14 mois après la plantation. La récolte à 6 mois a donné 5 à 15 tonnes/ha, à 8 mois, 10 à 20 tonnes, à 14 mois, 40 à 50 tonnes[26]. En comparaison, le

---

[24] B. Fouquet, 2010 : Étude sur le financement de l'agriculture et du monde rural. Rapport principal. Mali, Rome, FAO, 91 p.

[25] Congo, Ministère du Plan, de l'aménagement du territoire et de l'intégration économique, Centre national de la statistique et des études économiques, 2006 : *Enquête congolaise auprès des ménages pour l'évaluation de la pauvreté (ECOM 2005). Profil de la pauvreté au Congo en 2005. Rapport final d'analyse,* Brazzaville, p. 61-62.

[26] L. Moundzeo, 2011 : « Dates de plantation et de récolte des variétés de manioc (*Manihot esculenta Crantz*) dans la vallée du Niari (Congo) ». Brazzaville, ANVAR, ZEBI, n° 9, fiche technique n° 04Z/11/ANVAR-CG.

rendement à l'hectare, en culture paysanne, au niveau national, est de 7 à 8 tonnes de manioc.

Compte tenu de la mécanisation croissante de l'agriculture, on note les besoins de sécurisation foncière des producteurs ruraux, de régulation des transactions foncières et des stratégies adaptées dans le cadre des aménagements ruraux. Déjà, il avait été dénombré, à la faveur du recensement agricole de 1972/1973, 18 000 exploitations agricoles dans le département de la Bouenza. À ce propos, il est de plus en plus fait état des conflits relatifs à l'occupation et à la gestion de l'espace entre différents acteurs. Par exemple, les pouvoirs publics craignent une confrontation à venir entre le Centre de Recherche Agronomique de Loudima (CRAL) et les paysans de la contrée, bien que ceux-ci soient en même temps utilisateurs des résultats de la recherche.

Ces exploitations agricoles sont entretenues par 46 000 exploitants dont 66 % du sexe féminin. La proportion des femmes dans le domaine agricole est donc très importante. Elles interviennent dans la culture du manioc et de l'arachide. Généralement, elles agissent sous le couvert de leurs conjoints. Seules, les veuves et les célibataires s'affichent ouvertement. De toutes les façons, la production et la transformation du manioc qui auparavant était traditionnellement une activité féminine, dans la division sexuelle du travail, connaît, ces dernières années, une mutation en son sein, dans les exploitations paysannes. Actuellement presque tous les actifs (hommes et femmes) cultivent, transportent et participent à la transformation du manioc sans aucune forme de discrimination sexuelle. Somme toute, plusieurs fois, nos interlocuteurs nous ont appris que les hommes sont les plus impliqués dans la culture mécanisée. La récolte est manuelle quel que soit le type d'exploitation.

Pendant longtemps, c'étaient les adultes qui étaient les plus intéressés par les activités agricoles et leur mécanisation. Mais, actuellement, les jeunes sont plus nombreux que les vieux. En effet, les actifs agricoles de 20 à 30 ans représentent environ 60 % du total. Il s'agit donc d'acteurs jeunes et instruits, pleins d'engouement, de force et de savoir-faire qui les poussent à agir plus et mieux que leurs aînés.

Entre les ruraux et les citadins, il y a une concurrence acharnée dans la pratique des activités agricoles mécanisées. Dans cette entreprise, les citadins représentent 30 % contre 70 % de ruraux.

Ainsi, nous pouvons constater avec Pierre Vennetier qu'autour des agglomérations urbaines [Nkayi, Loudima, Madingou], l'agriculture vivrière, très active, est aussi en grande partie l'œuvre des citadins[27]. Les habitants de Nkayi exploitent les terres agricoles dans le district de Kayes parce que les terres les plus proches de la ville sont accaparées par la SARIS-CONGO. Les populations de Nkayi sont contraintes de parcourir de longues distances pour pratiquer l'agriculture. Ainsi, plusieurs campements ont été construits pour abriter le monde agricole. Ce sont : Dix maisons, Carrière à 15 Km de la ville ; Mbémbé Mboté, Louango, à 20 Km ; Moudikoula, Kintélélé, Ngoumbou, Dolisie à 25-30 Km^2 de la ville de Nkayi.

En dehors des campements, d'autres agriculteurs quittent Nkayi pour s'installer périodiquement dans les villages qui sont autour de la ville mais se trouvent dans le district de Kayes. On peut citer Kingouala, Kipalanga, Kipambou, situés sur la route de Madingou; Louari, Mpila, Kiossi, sur la route de Loudima ; Kongo, Kindounga, La Louamba, sur la route de Dakar, village situé au sud de Nkayi ; Nsi Kanga, Bodissa sur le chemin de fer en direction de Madingou-gare ; et Makoutou, Kimbenzé et Lombo sur la rive droite du fleuve Niari.

Cependant, la plupart des citadins sont de grands agriculteurs par les superficies cultivées et les moyens financiers qu'ils y mettent. Cela se passe ainsi dans bon nombre de pays au sud du Sahara, comme le dit Kengne Fodouop, pour le Cameroun :

> Au Cameroun, les citadins jouent un rôle important dans le développement des campagnes. Depuis le début de la crise économique, ils y représentent un puissant facteur de mutation de l'agriculture et d'amélioration des conditions de vie[28].

Par contre, les ruraux ont l'avantage de résider sur place avec la possibilité de mieux gérer leurs activités, de surveiller les tâcherons et d'exécuter eux-mêmes certains travaux. Les citadins sont souvent déçus et découragés par les mauvais résultats obtenus à la

---

[27] P. Vennetier, 1989 : « Pauvreté urbaine et évolution du paysage végétal en Afrique tropicale », *In :* CEGET-CRET, *Livre d'hommage à G. Lasserre*, Bordeaux, pp. 563-578.

[28] Kengne Fodouop, 2004 : *Citadins et développement des campagnes au Cameroun*, Paris, L'Harmattan, 230 p.

récolte suite à une mauvaise gestion des financements et des travaux par des tiers (parents ou tâcherons). Le coût global des travaux à l'hectare se présente ainsi qu'il suit, dans le tableau XIII :

Tableau XIII : Coût des travaux agricoles à l'hectare

N°	Types de travaux	Coût à l'hectare (F CFA)
1	Dessouchage manuel	40 000
2	Ramassage des arbustes dessouchés	10 000
3	Labour à la charrue	50 000
4	Pulvérisation	25 000
5	Semailles	30 000
Total		155 000

Source : Enquêtes personnelles, 2006

Des producteurs agricoles commerçants et non commerçants

Nous avons interrogé une centaine de producteurs agricoles dans les localités de Loudima, Bouansa, Mouyondzi, Moudzanga Nkilantari et Madingou. Cet échantillon est composé à 60 % d'hommes et 40 % de femmes. Les personnes que nous avons contactées ont au moins 25 ans d'âge. Toutefois, les plus nombreuses (60 %) ont dépassé la trentaine. Au regard de leur niveau d'instruction, 30 % ont fait des études primaires, 60 % des études secondaires et 10 % n'ont jamais été à l'école. Près des 3/4 (70 %) d'entre eux sont mariés, tandis que 30 % sont célibataires. Plus de la moitié (60 %) a entre 2 et 5 personnes à charge.

Il ressort, du point de vue du personnel, que 60 % de producteurs emploient entre 1 à 3 travailleurs, 10 % 3 à 5 travailleurs, 20 % 5 à 7 travailleurs et 10 % aucun. Plus des 3/4 (80 %) des producteurs utilisent des travailleurs non membres de leurs familles. Toutefois, leur personnel est constitué à 20 % de parents dont la moitié est composée d'enfants et de travailleurs familiaux non rémunérés. Parmi eux, 20 % des producteurs emploient 1 à 4 hommes et 30 % 2 à 4 femmes. Ce personnel est dominé par le sexe masculin.

En fonction des produits régulièrement fournis, 30 % des producteurs fournissent le manioc sous toutes ses formes[29], 26,0 % l'arachide, 18 % le maïs, 10,0 % le haricot, 8,0 % la banane et 08 des produits agricoles divers. Il y a deux catégories de producteurs : les producteurs commerçants et les producteurs non commerçants.

Les producteurs non commerçants représentent 50,8 % du total des actifs agricoles. Ils écoulent leurs produits sur le marché local. Leurs champs sont petits et leur production généralement faible. Ce sont en majorité des femmes mariées et des femmes d'un âge avancé (plus de 50 ans). Une autre partie minoritaire est constituée d'hommes d'un âge avancé et de fonctionnaires ruraux ou citadins qui font de la culture du manioc une activité d'appoint. Leurs revenus moyens annuels se situent entre 400 000 francs CFA et 700 000 francs CFA[30]. Les producteurs commerçants sont à la fois des agriculteurs et des commerçants. Ils représentent 49,2 % des producteurs. Leur activité commerciale porte essentiellement sur la vente du produit de leurs champs, qu'ils livrent à grande échelle sur le marché urbain. Ils l'écoulent sous la forme de produits finis ou semi-finis en moyenne quatre fois par an. Ces producteurs commerçants exploitent jusqu'à quatre champs de manioc chacun. En plus du produit de leurs propres champs, ils complètent leur marchandise par des achats auprès des vendeurs locaux. La capacité de vente par voyage est en moyenne de 30 sacs de manioc, soit 4,2 tonnes pour des revenus annuels de 1 à 4 millions de francs CFA.

Le mode de vente des produits agricoles et l'origine de la clientèle

Le manioc est le produit qui concerne le plus grand nombre de producteurs (30 %). Le fournisseur le moins actif met en moyenne sur le marché 30 sacs (4,2 tonnes) par an ; le fournisseur moyen atteint la centaine (14 tonnes) et le plus productif 120 sacs (16,8 tonnes). Le manioc roui est le produit le plus vendu. Il s'obtient par rouissage et malaxage des tubercules épluchés. Il se présente

---

[29] Le manioc sous forme de pain est appelé chikwangue selon le dictionnaire universel Hachette, Paris, 1995.

[30] P. Moundza, 2006 : « Le Chemin de Fer Congo-Océan, production du manioc et organisation de l'espace sur le plateau Bembé dans le sud-ouest du Congo ». *In :* Chaléard, J. L. : *Le chemin de fer en Afrique*. Paris, Karthala, pp. 323-336.

sous forme de pâte blanchâtre. Sa fabrication dure en moyenne 2 semaines. Il est facile à obtenir et comporte moins de risque à s'abîmer. Il peut être ainsi conservé pendant plus de 3 mois. Tous les producteurs désignent le manioc comme le produit agricole le plus vendu du Département de la Bouenza. Ce choix est dû, entre autres, au fait que le manioc fournit les produits les plus consommés comme alimentation de base à savoir la chikwangue et la farine de manioc. D'ailleurs dans les gares ferroviaires du département de la Bouenza, seuls les produits de manioc ont des dépôts spéciaux toujours pleins. Sur les fiches d'expédition du service d'exploitation, ils sont les seuls à être mentionnés avec précision tandis que les autres produits sont classés comme produits divers.

Dans le cadre du vivrier marchand, comme le dit Jean-Louis Chaléard, le manioc est devenu une culture commerciale[31]. Il est, au Congo, le produit qui permet la mise en évidence de la constitution d'un marché intérieur indépendant du cours des matières premières. Au niveau du département de la Bouenza, le manioc contribue de plus en plus au développement local[32].

Le mode de vente des produits agricoles

La moitié des producteurs (50 %) écoulent leurs produits au village, 40 % le font à la gare et 10 % sur les lieux de production, c'est-à-dire dans les champs. On observe deux modes de vente de produits : la vente en gros et la vente en demi-gros.

La vente en gros concerne 61,5 % des producteurs. Elle consiste à vendre le champ tout entier au commerçant ou au producteur commerçant qui le récolte lui-même. Le prix de vente est évalué en fonction des dimensions et du rendement du champ. Il est fixé en prélevant quelques pieds de manioc à différents endroits du champ pour vérifier la quantité et la qualité des tubercules. Il est, du reste, débattu sur place en fonction de ces

---

[31]J. L., Chaléard, 1988 : « Le manioc, la ville et le paysan. Approvisionnement urbain et mutations rurales dans la région de Bouaké (Côte d'Ivoire) », *Cahiers des Sciences Humaines* 24 (3), pp. 333-348.

[32] Le système paysan traditionnel fournit près de 90 % de la production nationale de manioc. Sur le plan national, on compte environ 145 000 exploitations familiales pour un effectif de 230 000 actifs impliqués dans la production des tubercules de manioc, dont 70 % de femmes.

paramètres et des possibilités d'exploitation (proximité d'un point d'eau nécessaire pour le rouissage) et d'évacuation. Les modalités de paiement sont fixées au même moment et l'acheteur verse la moitié ou la totalité de la somme dès le départ et le reste avant la fin de la récolte.

La vente en demi-gros intéresse 38,5 % des producteurs. Elle porte sur la récolte d'une partie d'un champ ou d'un champ entier. La récolte est faite par un groupe coopératif pendant deux semaines ou par une seule personne pendant un mois au moins et donne 15 à 40 sacs en moyenne, soit 2 à 6 tonnes de manioc. Le produit est vendu sur le marché urbain où le sac de manioc roui de 50 Kg coûte 12 000 à 25 000 francs CFA, celui des cossettes de manioc de 100 à 140 Kg, 17 000 à 27 000 francs CFA et celui de gari, un produit dérivé du manioc, de 25 Kg, 20 000 à 35 000 francs CFA. Les prix varient selon l'abondance ou la rareté des produits sur le marché. Les producteurs deviennent des commerçants par moment et font 3 ou 4 voyages dans l'année entre le village et Pointe-Noire jusqu'à épuisement de leurs champs.

La quasi-totalité des producteurs (90 %) vendent leurs produits au comptant et 10 % seulement à crédit. Cependant, les échanges entre commerçants et producteurs prennent de plus en plus la forme du troc. En effet, contre le manioc roui et les cossettes de manioc, les commerçants livrent aux paysans intéressés des vêtements, des articles électroménagers ou du petit matériel agricole ou artisanal. L'entente peut parfois porter sur les prestations à faire pour l'exploitation d'un champ de manioc, dans un délai convenu. La valeur de l'article est alignée sur celle du produit attendu ou sur la taxe d'une journée de prestation. L'accord entre le paysan et le commerçant sur la récolte d'un champ de manioc aboutit souvent à un paiement partiel. Le commerçant réalise alors une opération d'autofinancement, en procédant par une première vente dont les revenus lui servent à la finalisation de l'achat et au financement de la suite des activités de récolte. Tel est souvent le cas des champs de plus d'un hectare et dont la récolte coûte entre 100 000 à 200 000 francs. Le paysan peut également convertir une partie du champ, après avoir fixé le prix de vente, en matériel d'équipement que le commerçant s'engage à lui fournir avant la fin de la récolte du champ.

Ces différents types d'accords commerciaux nécessitent une certaine connaissance de la personne partenaire et une confiance mutuelle entre partenaires. Les fournisseurs craignent de confier leurs produits à des personnes qu'elles connaissent mal ou pas du tout. À leur avis, ces clients inconnus peuvent s'en aller sans laisser de trace. Le rôle des pouvoirs publics consisterait, ici, à protéger ces ruraux contre les commerçants et tous les intermédiaires mal intentionnés qui tenteraient de s'approprier le produit de leur travail pour le revendre deux, voire trois fois plus cher dans les grandes agglomérations. Comme garde-fou, les ruraux les menacent de représailles, sur eux-mêmes et sur leurs familles. En fait, de part et d'autre le respect de l'engagement est de rigueur parce que les nouveaux rapports socio-économiques en milieu paysan exigent une bonne moralité. Les mauvais clients perdent la confiance de leurs partenaires économiques et compromettent l'avenir de leurs activités.

Les commerçants autochtones ont une activité beaucoup plus limitée à leur village ou, tout au plus, aux environs immédiats où ils sont plus connus et où leur marge de manœuvre est facile et avantageuse.

Les commerçants de manioc se sont créé une activité commerciale subsidiaire, de compensation. C'est la vente des produits d'emballage ou de conditionnement : sacs d'emballage de farine de blé de tous ordres, simples ou munis de nappe de protection, fils d'attache, grandes nappes pour les opérations de nettoyage et d'empâtement ou de protection des étalages de manioc. Ce matériel, provenant de Pointe-Noire, est vendu en quantité importante dans tous les chefs-lieux de districts notamment à Mouyondzi et dans les villages où les commerçants s'approvisionnent en manioc roui et en cossettes de manioc. Les revenus de ce marché permettent aux commerçants de couvrir les frais personnels de déplacement (billet) et les frais de transport de leurs marchandises. Au regard des recettes, 70 % des paysans producteurs du département de la Bouenza disposent de revenus mensuels de plus de 40 000 F CFA tirés de leurs activités. D'après l'enquête sur la pauvreté au Congo, le revenu moyen mensuel procuré par exploitation agricole est de 26 400 F CFA. Celui-ci est de 19 700 F CFA pour les exploitants appartenant aux ménages pauvres et de 34 100 F CFA pour les non-pauvres[33].

À titre d'illustration, le village Mvouanzi, dans le district de Kayes, produit en moyenne 200 sacs de cossettes de manioc de 140 Kg en 3 semaines, équivalant à 28 tonnes, soit 37,3 tonnes par mois ou 448 tonnes dans l'année. À raison de 20 000 F CFA le sac, cette production rapporte 4 millions de francs CFA aux paysans producteurs de ce village, toutes les trois semaines.

L'origine et les types de clientèle

La clientèle est composée de commerçants autochtones (73,4 %) et de commerçants citadins (26,6 %). Parmi ceux qui arrivent de la ville, les plus nombreux viennent de Pointe-Noire (62,5 %) tandis que Brazzaville en compte que 37,5 %. Ceci montre, dans une large mesure, combien le département de la Bouenza intervient dans l'approvisionnement des grandes villes du pays, notamment Pointe-Noire, en produits vivriers. À suffisance, on comprend aussi que cet espace est à cheval sur les bassins vivriers de Pointe-Noire et de Brazzaville.

Les commerçants autochtones sont originaires des villages-marchés du département de la Bouenza. Le village-marché est la localité qui fournit les produits vivriers. Nous le désignons ainsi parce que c'est là que s'effectuent les transactions commerciales entre producteurs et commerçants. Ce sont des commerçants autochtones qui achètent de plus en plus le manioc en gros (manioc sur pied). L'exploitation dure au plus un mois. Ils procèdent par la prestation de service. Ainsi, ils ont entretemps la possibilité d'assurer leurs propres travaux champêtres. Ceci leur permet d'être commerçants producteurs du manioc ou vice-versa. Les dépenses sont moindres car ils ont la maîtrise du milieu qui leur est familier. Ils accumulent de ce fait des revenus supplémentaires par la vente de leurs propres produits dont ils ne payent que le transport. Ces commerçants font en moyenne un voyage par mois. Ils amènent une cargaison d'environ 80 à 100 sacs soit 11,2 à 14 tonnes de manioc. En plus ils ont la faveur du

---

33 Congo, Ministère du Plan, de l'Aménagement du Territoire et de l'Intégration économique, Centre national de la statistique et des études économiques, 2006 : *Enquête congolaise auprès des ménages pour l'évaluation de la pauvreté (ECOM 2005). Profil de la pauvreté au Congo en 2005. Rapport final d'analyse,* Brazzaville, p. 69.

marché, parce qu'en dehors des échanges monétaires de nouvelles réalités basées sur les échanges en nature dominent aujourd'hui le commerce du manioc dans le département de la Bouenza.

Les commerçants citadins viennent essentiellement de Pointe-Noire. L'axe Bouansa-Brazzaville présente encore d'énormes difficultés, à la suite des problèmes sociopolitiques qui ont secoué durement cette zone. Les commerçants citadins et ceux d'autres milieux ruraux ont le même rythme d'activité. Ils procèdent par deux campagnes d'achat par mois. Ils n'ont pas le choix du terrain ; ce sont donc des commerçants ambulants. Leur activité est difficile et coûteuse : problèmes de logement (pour un séjour de longue durée, il faut payer le logement ou tout au moins défrayer la famille hôte) et de marché (concurrence avec les commerçants autochtones). De plus en plus, les paysans ne vendent que des champs entiers. Certains producteurs se font souvent capricieux face au négociant « étranger ». Ceci ne permet pas aux commerçants citadins de constituer un stock important de marchandises par voyage. Ils achètent en moyenne 20 sacs (2,8 tonnes) de manioc par voyage. Souvent pour avoir un stock plus important, ils sont obligés de procéder par une surenchère ou d'acheter par l'intermédiaire d'un commerçant originaire de la contrée.

Le commerce du manioc dans le département de la Bouenza occupe une place importante dans les rapports économiques intercommunautaires. Une gamme de produits est exportée vers les grandes villes du Sud du Congo. La vente de ces produits dans les marchés urbains permet l'importation de produits manufacturés, aux goûts et aspirations modernistes. De ces rapports est né, chez les Beembé, par exemple, un esprit d'hommes et de femmes d'affaires qui leur permet non seulement de se substituer aux expatriés dans leurs milieux, mais aussi d'être les principaux acteurs dans le développement local de leur espace.

Tous les villages du département de la Bouenza sont des marchés potentiels de produits vivriers que sillonnent sans cesse les commerçants et les collecteurs. Les paysans vendent souvent leurs produits aux commerçants originaires du village et du district. Par contre, 34,3 % d'entre eux pensent tout de même que les commerçants originaires de leurs villages ou de leurs districts débattent trop les prix et sont trop exigeants dans le chargement des sacs. Ils préfèrent vendre leurs produits de manioc aux commerçants qui viennent de la ville et d'autres districts. Ceux-ci sont souvent les plus offrants. Aujourd'hui, la plupart de ces commerçants citadins viennent de Pointe-Noire compte tenu des difficultés circonstancielles (insécurité, multiples taxes, rareté des wagons) sur l'axe Bouansa-Brazzaville.

Les produits agricoles constituent l'un des facteurs de l'ouverture de la région agricole de la Bouenza au marché urbain. Le principal marché urbain est celui de Pointe-Noire. Les produits les plus vendus ici sont le manioc roui et les cossettes de manioc. Le manioc roui est vendu par sac dans l'ordre de 12 000 à 25 000 F CFA. Les cossettes de manioc sont également vendues par sac entre 17 000 et 27 000 F CFA. Au plus fort, elles sont écoulées à 35 000 F CFA, sinon plus. Par semaine, il arrive en moyenne cinq wagons de manioc roui et deux de cossettes de manioc sur le marché de Pointe-Noire.

Avant les troubles sociopolitiques des années 1990, le trafic des produits agricoles du département de la Bouenza en direction de Brazzaville était aussi important que vers Pointe-Noire. L'insécurité à laquelle sont exposés les voyageurs et leurs marchandises explique le rythme irrégulier actuel du ravitaillement de la capitale congolaise par le département de la Bouenza. D'après Alain Auger (1968), le quart des produits vivriers (cossettes de manioc, manioc roui, chikwangue) était acheminé sur Brazzaville. Le manioc transporté par chemin de fer à destination de Brazzaville provenait essentiellement des départements du Pool situé à proximité de la ville et qui l'approvisionne régulièrement en manioc sous deux formes principales : la chikwangue et les cossettes de manioc, et des pays du Niari (Niari, Bouenza, Lékoumou) qui sont le véritable grenier du Congo[34].

Les principales difficultés des producteurs agricoles

Les producteurs agricoles rencontrent deux types de difficultés : les unes sont liées à la pénibilité du travail et les autres au chemin de fer. La majorité (80 %) des producteurs agricoles se plaint du travail des champs qui est manuel et pénible avec l'utilisation d'outils rudimentaires. Il faut beaucoup de temps de

[34] A. Auger, 1968 : « Notes sur les centres urbains secondaires au Congo-Brazzaville », *Les Cahiers d'Outre-Mer*, XXI, n° 81, Bordeaux, pp. 29-55.

travail pour espérer avoir un champ assez grand. Ceux qui veulent faire usage du tracteur se heurtent au manque de fonds pour financer tous les travaux notamment le labour et la pulvérisation des champs. Ils estiment que ces opérations coûtent trop cher. De même, ils proclament ne pas avoir assez de moyens pour recruter de la main-d'œuvre.

À ces difficultés, s'ajoutent les problèmes d'évacuation des produits du champ au village qu'évoque la moitié (50 %) des paysans. En effet, le transport des produits des champs au village est difficile compte tenu de l'éloignement des lieux de travail et du mauvais état des pistes d'accès. La difficulté est encore plus grande pour les producteurs qui s'engagent à aller vendre eux-mêmes leurs produits sur le marché urbain à cause de la déficience des transports. À ceci s'ajoutent la faiblesse des prix de vente des produits et l'instabilité du marché. Ces prix ne contentent donc pas les producteurs qui pensent que les produits agricoles vendus au village sont mal achetés. Les revenus ne correspondent pas à la mesure du travail effectué. Par ailleurs, les paysans producteurs évoquent aussi des difficultés liées au chemin de fer. Celles-ci sont nombreuses et s'illustrent par l'insuffisance de wagons disponibles. Il manque des wagons pour transporter à la fois les produits agricoles secs (cossettes de manioc) et les produits frais (manioc roui). Les retards sont longs (en moyenne deux semaines) et nombreux. Les moments de déraillement suscitent angoisse et tristesse. Les wagons chargés traînent en gare par manque de rames disponibles dans de brefs délais et mettent parfois deux semaines à arriver. Ces perturbations alourdissent financièrement le séjour à Pointe- Noire. L'attente est coûteuse à Pointe-Noire car les taxes de transport se multiplient et ne cessent d'augmenter. Aux difficultés de transport, s'ajoutent les nombreuses taxes et tracasseries de toutes sortes[35]. En exemple, le tableau XIV montre comment se présentent les taxes diverses par sac de cossettes de manioc ou d'arachide, au départ de Mouyondzi.

---

[35] Pendant longtemps, de fortes tensions ont prévalu sur le chemin de fer relatives à la présence des éléments de la force publique qui convoyait les trains pour sécuriser les convois. Mais les éléments de ladite force procédaient systématiquement au racket des voyageurs. Sur certains tronçons routiers, notamment entre Mouyondzi et Bouansa, avaient été érigés des barrages militaires dont le franchissement était conditionné par le versement d'une taxe obligatoire.

Tableau XIV : Taxes diverses relatives au transport des produits agricoles

N°	Destination de la taxe	Montant (F CFA)
1	Service agricole à Mouyondzi	200
2	Service de police à Bouansa	200
3	Service de manutention à Bouansa	1000
4	Service de manutention à Pointe-Noire	1000
5	Service d'hygiène à Pointe-Noire	100
6	Service de balayage à Pointe-Noire	100
7	Service de gardiennage à Pointe-Noire	100
Total		2700

Source : Enquêtes personnelles, 2006

Depuis quelques décennies, l'agriculture vivrière, surtout à cause des problèmes d'approvisionnement urbain, de la croissance rapide des villes, de la monétarisation de l'économie villageoise et de la modernisation des campagnes sous l'impulsion d'un réseau de communication et d'électrification, est insérée dans l'économie moderne. D'autosubsistance, elle est devenue une agriculture commerciale. Les échanges dépassent le cadre villageois et régional. Ils se focalisent sur les rapports commerciaux villes-campagnes. Le manioc, base de l'alimentation au Congo, du moins pour les populations rurales, occupe un peu plus des deux tiers des superficies cultivées. Il devance nettement les autres cultures. Le commerce du manioc anime des flux commerciaux importants entre les zones de production et les grands centres consommateurs du pays. En effet, la production et la consommation du manioc, dans toute la complexité étudiée plus haut entraîne aussi bien pour les producteurs, les commerçants, les transporteurs que les consommateurs, des effets multiples. Ces effets induisent des suites et des solutions, en vue de l'amélioration de tout le phénomène économique et social qu'engendre la culture du manioc[36].

---

[36] J. C. Calcio Gaudino, *Urbanisation et dépendance alimentaire dans les pays en voie de développement : Le cas du Congo.* 14 p. Internet (non daté)

Le paysan producteur de la Bouenza est plein d'ardeur. La femme rurale joue ici un rôle actif. On note aussi une forte implication de la jeunesse. L'envie de produire est manifeste. L'infrastructure routière arrimée au chemin de fer est assez viable. Les déterminants du développement local du département de la Bouenza existent donc. Chaque district constitue un pôle de développement en miniature. La demande des marchés urbains de Pointe-Noire et Brazzaville est facteur de développement et de stimulation pour les campagnes du département de la Bouenza. En effet, elle dynamise l'environnement rural et valorise le travail des planteurs de cultures vivrières négociées dans les marchés urbains.

Particulièrement, le commerce du manioc anime des flux commerciaux importants entre les zones de production et les grands centres consommateurs du pays[37]. En effet, l'étude réalisée par la FAO et le PAM indique que le département de la Bouenza est, à la fois, le bassin vivrier de Pointe-Noire et de Brazzaville[38].

La forte concentration de la population exerce une emprise importante sur des terres et des sols extrêmement sensibles. Cela appelle des stratégies agricoles mêlant l'amélioration des techniques culturales, le renforcement des capacités productives des sols, la spécialisation culturale et le développement d'autres activités en milieu rural.

Les activités agricoles ont donné naissance aux villages secondaires autour des centres urbains et des gares ferroviaires. La recherche des terres et des espaces plus productifs a poussé les populations à s'éloigner progressivement pour aménager des huttes à côté de leurs champs. Par la suite, elles ont détruit ces huttes pour construire des cases avec des matériaux plus ou moins durables dont les briques cuites et les tôles. Derrière ces cases, certaines personnes ont créé des étangs pour la pisciculture et elles élèvent des animaux domestiques : poules, cochons, etc. Au départ, elles passaient plus de temps au centre que dans ces lieux de cultures où elles allaient juste pour travailler (et y passaient les

---

37 J. C. Calcio Gaudino, *op.cit.*

38 FAO/PAM, 1998 : Système mondial d'information et d'alerte rapide sur l'alimentation et l'agriculture de la FAO, programme alimentaire mondial, rapport spécial, mission d'évaluation des récoltes et des disponibilités alimentaires en République du Congo
. http://www.fao.org/docrep/004/w8035f/w8035f00.htm#E12E7

nuits du fait de la fatigue, de l'envie de vite finir le travail et des aléas climatiques). Actuellement, elles y passent des mois et ne reviennent au centre que pour vendre leurs produits, passer les fêtes, voir les parents ou les enfants, ou encore pour se ravitailler. La tendance est de plus en plus à la sédentarisation.

Ce système de production assure des revenus suffisamment importants et réguliers aux agriculteurs. Le secteur agricole du département de la Bouenza est en pleine mutation. Les travaux se font aussi bien manuellement qu'à la machine (photos n° 7 et 8). La tendance est à la modernisation des activités paysannes à travers la mécanisation agricole et la promotion des petits producteurs. Les opérations mécanisées permettent ainsi de relativiser la pénibilité des actions agricoles en augmentant la taille moyenne de l'exploitation agricole. On perçoit ainsi le passage progressif des exploitants agricoles de la petite production familiale vers des systèmes et des formes de production compatibles avec les besoins en nourriture des populations. Tout à la fois, on assiste à une innovation dans les opérations agricoles et à l'amélioration des rendements. Cela induit indéniablement l'essor du secteur vivrier marchand.

Photo n° 7 : Paysans plantant l'arachide de 2e cycle dans le district de Kayes. Cliché P. Moundza, 2012

Photo n° 8 : Un tracteur rentre à Bouansa après les travaux champêtres. Cliché P. Moundza, 2012

DES ACTIVITES COMMERCIALES DIVERSES

Le Chemin de Fer Congo-Océan, dès sa mise en service, avait suscité d'importants mouvements de population et la naissance de nouveaux flux économiques. Avec les voies de communication adjacentes, ils attirèrent l'installation de plusieurs colons européens et la floraison de diverses activités lucratives.

Évolution des trafics des voyageurs et des marchandises dans le département de la Bouenza

Évolution du trafic des voyageurs

Très modeste dès le départ, en 1935, transportant à peine 24 000 voyageurs et 56 000 tonnes de marchandises (tableau XV), il a dépassé 800 000 voyageurs et 50 millions de tonnes de marchandises en 1958, soit 36 000 voyageurs et 2 252 000 tonnes par an.

Tableau XV : Trafic du CFCO entre 1935 et 1958

N°	Années	Voyageurs	Marchandises (tonnes)
1	1935	24 200	56 000
2	1950	277 800	29 600 000
3	1958	833 400	51 800 000

Source : Larousse, 1964, *Encyclopédie africaine et malgache. République du Congo*

Pierre Vennetier, parlant du ravitaillement de la ville de Pointe-Noire en produits vivriers par le Chemin de Fer Congo-Océan, dit que :

> Le rôle de la voie ferrée dans le domaine de l'approvisionnement urbain a grandi avec les dimensions de Pointe-Noire, puisqu'il est apparu assez vite que dans les limites de la zone accessible aux transports routiers, les

> possibilités de production étaient insuffisantes. C'est donc par le train qu'arrive le complément indispensable. … Les apports de manioc se partagent presque également entre les trois principales sections de la ligne, qui ont fourni ensemble 5 250 tonnes en 1964 [dont 1 655 tonnes entre Dolisie et Kimbédi][39].

Dans son analyse, Pierre Vennetier montre plus clairement à travers le texte ci-dessous que l'organisation économique de l'actuel département de la Bouenza est étroitement liée au Chemin de Fer Congo-Océan depuis fort longtemps :

> Le chemin de fer assure encore d'autres transports. On note ainsi l'arrivée à Pointe-Noire de 170 tonnes de fruits. … Dans le Niari, la gare de Loudima est aussi expéditrice notable (40 t). Le marché vivrier de Pointe-Noire est encore fourni en arachides grâce à la voie ferrée : quelque 135 tonnes sont arrivées en 1964, en provenance du Niari (Madingou 70 tonnes, Loudima 24 tonnes)[40].

Le Chemin de Fer Congo-Océan dessert le Sud-Ouest du département du Pool (districts de Kindamba, Vindza et Kimba) et le département de la Lékoumou à travers le département de la Bouenza. De même, son influence s'étend jusque dans les petits villages situés à la frontière du Congo avec la République Démocratique du Congo. En ceci, le Chemin de Fer Congo-Océan est un facteur déterminant de la solidarité et de la complémentarité entre les départements de la Bouenza, du Pool, de la Lékoumou et du Niari.

Les événements caractéristiques de l'évolution négative des transports et communications concernent : les arrêts répétés du trafic ferroviaire, les ruptures des approvisionnements en carburants. Déjà bien mal en point, les transports ont été sérieusement perturbés par les événements sociopolitiques, particulièrement de 1997 à 1999. Le trafic des voyageurs a été interrompu en avril 2002 à la suite d'attaques liées aux troubles sociopolitiques. Il a repris en janvier 2004, mais le CFCO a subi

---

[39] P. Vennetier, 1968 : *Pointe-Noire et la façade maritime du Congo Brazzaville,* Paris, ORSTOM.

[40] P. Vennetier, 1968, *op.cit.*

d'autres attaques depuis. En effet, les activités de transport au niveau de l'axe principal ont été sérieusement marquées (19971999) par la rupture de liaison entre Brazzaville et Pointe-Noire. Le taux de détérioration a atteint 89 % pour les marchandises et 95 % pour les voyageurs. Le trafic n'a cessé de décroître jusqu'en 1999. Le trafic des marchandises et des voyageurs du Chemin de Fer Congo-Océan se présente en trois périodes comme le montre le tableau XVI ci-après.

Tableau XVI : Évolution du trafic des marchandises et des voyageurs entre 1975 et 2007

Années	1975-1990	1991-1999	2000-2007
	Période normale	Période perturbée	Période de relance
Marchandises (milliers de tonnes)	11 785,3	5 461,8	4 483,2
Voyageurs (milliers)	19 760,9	12 367,9	4 387,8
Voyageurs/Km	2880,4	2095,4	907,2

Source : Direction Générale du CFCO, 2010.
(Données simplifiées par P. Moundza)

Le tonnage de marchandises transportées par voie ferrée est passé de 356 131 tonnes en octobre 1998 à 38 317 tonnes en octobre 1999, celui des voyageurs, de 845 000 à 41 000, dans la même période. Les recettes ont évidemment affiché les mêmes tendances passant par exemple de 12 310 millions en octobre 1998 à 548 millions en octobre 1999.

Les délais d'acheminement des marchandises en partance ou en provenance des deux principales villes Brazzaville et Pointe-Noire deviennent de plus en plus longs et aléatoires et atteignent 20/25 jours par manque de locomotives et de wagons. La moyenne des rotations des wagons (sur 510 Km) est de 25 jours pour les wagons-trémies couverts, de 19 jours pour les wagons-citernes et de 20 jours pour les wagons plats servant au transport de grumes. Les défaillances du système de communication, le manque de rigueur durant les opérations d'exploitation font que les trains accusent, à 87 % au moins, des retards de plus de 3 heures.

L'évolution de la baisse de la demande et du trafic tient, entre autres, à la morosité des économies de la majorité des pays de la sous-région. Mais il y a aussi que le système de transport congolais a accumulé sur son maillon principal de nombreuses contre-performances. La dégradation des prestations, leur lenteur due à la dégradation de l'infrastructure et une gestion plus administrative que commerciale ont fait qu'une grande partie de la demande se détourne vers d'autres axes notamment vers les voies camerounaise et congolaise (R. D. du Congo).

Suite aux nombreux remous sociaux intervenus ces dernières années, pendant longtemps le Chemin de Fer Congo-Océan n'a fonctionné que sur le tronçon Nkayi-Pointe-Noire, handicapant une bonne partie de la communauté rurale sur le tronçon Nkayi-Brazzaville. C'est l'une des raisons pour lesquelles le trafic des marchandises du département de la Bouenza s'est résolument tourné vers Pointe-Noire. Le lancement du train des voyageurs spécial a eu lieu mardi 02 janvier 2001. Mais en réalité la relance du trafic des voyageurs ne s'est effectuée que le 25 janvier 2004, après 18 mois d'interruption suite aux troubles sociopolitiques et aux attaques meurtrières des trains dans le département du Pool par les rebelles Ninjas Nsiloulou du Pasteur Ntumi, de son vrai nom Frédéric Bintsamou, meneur de la rébellion qui a sévi dans le département du Pool entre 1998 et 2002.

Par ailleurs, le train dénommé Air Pool qui circule entre Brazzaville et Bouansa n'a été remis en service qu'en 2005. Il ne dispose que de deux voitures et, à l'aller comme au retour, il est toujours bondé à mort. L'état du Chemin de Fer Congo-

Océan a fait dire à certains qu'il représente un véritable goulot d'étranglement pour l'économie congolaise.

Évolution du trafic des marchandises

Le Chemin de Fer Congo-Océan reste le ressort essentiel de structuration de l'espace, dans la partie sud du Congo. Il ne cesse d'accroître les échanges et de faciliter les déplacements locaux. Le trafic des marchandises du département de la Bouenza a fortement augmenté entre 1994 et 2004 (tableau XVII). Il est passé de 202 078 tonnes à 383 649 tonnes, soit une augmentation de 189,85 %.

Tableau XVII : Trafic des marchandises en 1994 et 2004 (en tonnes)

N°	Gares	1994	2004
1	Loutété	92 512	54 801
2	Bouansa	15 163	193 319
3	Kimpambou Kayes	-	485
4	Madingou	1596	9 080
5	Bodissa	-	590
6	Nkayi	48 647	92 151
7	Loudima	43 715	17 482
8	Moutéla	445	15 595
9	Mont Bélo	-	146
Total		202 078	383 649

Source : Direction Générale du CFCO, 2006

En 1994, l'embarquement représentait 169 246 tonnes et le débarquement 32 920 tonnes soit 83,7 % du trafic contre 16,3 %. Les expéditions dépassaient largement les réceptions. Les trois premières gares du département étaient, dans l'ordre : Loutété, Nkayi, Loudima. Cependant aucune d'elles n'atteignait 100 000 tonnes de trafic annuel. Madingou, le chef-lieu du département, ne frôlait même pas 2000 tonnes.

En 2004, le tableau a changé. En effet, Bouansa occupe la première place avec près de 200 000 tonnes, suivi de Nkayi et Loudima. La montée fulgurante du trafic de la gare de Bouansa s'explique par l'ampleur prise par l'économie agricole notamment dans le district de Mouyondzi dont cette gare est la principale porte d'évacuation des produits du manioc vers Pointe-Noire et Brazzaville, les deux grandes villes du pays.

D'après le service d'exploitation du Chemin de Fer Congo-Océan de la gare de Bouansa, ce tronçon est le baromètre du flux de marchandises dans le département.

Si Nkayi avoisine les 100 000 tonnes, Loudima est bien loin derrière avec 17 482 tonnes. Le trafic de la gare de Loutété a dégringolé de la première place en 1994 à la quatrième en 2004. Nkayi a acquis la première place grâce à l'essor de l'économie sucrière dont la production a été relancée après plusieurs années de difficultés. Par contre, le trafic de la gare de Loutété a chuté du fait de la baisse de la production du ciment dont elle abrite la principale usine du pays. Toutefois, le trafic de la gare de Madingou a progressé, sans concurrencer les autres gares. Moutéla, qui doit son existence à l'usine de production du sucre, a connu une augmentation exponentielle de son trafic grâce à l'activité industrielle avec l'importation des machines nécessaires à l'exploitation et à la transformation de la canne à sucre. Entre 2000 et 2004, le département de la Bouenza a contribué pour 805 147 tonnes au trafic des marchandises du Chemin de Fer Congo-Océan soit 21,95 % de celui-ci. Cela représente en moyenne 161 029 tonnes par an. En deux ans, les produits brassés dans les gares ferroviaires du département de la Bouenza totalisent 474 232 tonnes de marchandises dont 84,5 % à l'embarquement et 14,5 % à la descente.

Des recettes importantes issues d'un trafic intense

En terme de recettes, pour ne prendre que l'année 2007, les gares du département de la Bouenza ont rapporté la somme de 2 750 819 519 F CFA pour les voyageurs, les bagages, le détail, les wagons et les recettes accessoires comme le montre le tableau ci-dessous. En matière de voyageurs et de bagages, Bouansa est la gare qui réalise les meilleures recettes tandis que Nkayi est de très loin la première en ce qui concerne les marchandises.

Concernant les recettes cumulées (tableau XVIII), Nkayi, Bouansa et Loutété sont les gares les plus importantes du département de la Bouenza suivies de Loudima et Madingou.

Tableau XVIII : État des recettes cumulées (F CFA) dans les gares de la Bouenza en 2007

N°	Gares	Recettes cumulées (F CFA)
1	Moubotsi	16 978 475
2	Mont Bélo	52 296 975
3	Loudima	253 141 685
4	Nkayi	1 473 363 409
5	Madingou	215 367 405
6	Bouansa	564 539 425
7	Loutété	428 283 830
Total		2 750 819 519

Source : Direction Générale du CFCO, 2008

Nkayi réalise des recettes de plus d'un milliard de francs CFA tandis que Loudima, Loutété et Bouansa ont entre 250 et 600 millions de francs CFA de recettes. À propos de la gare de Nkayi, l'influence de la Société Agricole et de Raffinage Industriel du Sucre s'étend visiblement jusqu'au niveau des infrastructures de transport. SARIS-CONGO réalise de bonnes recettes sur les exportations hors de Nkayi. D'après le service d'expédition des colis de la gare de Nkayi, en période de campagne, le Chemin de Fer Congo-Océan met une centaine de wagons à la disposition de cette entreprise, pour le transport du sucre ; c'est un client sûr pour le Chemin de Fer Congo-Océan. SARIS-CONGO rapporte à la gare de Nkayi, plus précisément au Chemin de Fer Congo-Océan, d'importantes recettes. La taxe moyenne mensuelle de transport est de l'ordre de 80 millions de francs CFA.

Quant au trafic des voyageurs, la récapitulation générale des billets fixes (2007 et 2008), dans le tableau XIX, montre que plus de 110 000 billets ont été vendus, soit des moyennes mensuelles respectives de 5 255 et 4 600 billets.

Tableau XIX : Récapitulation générale des recettes (F CFA) sur les billets fixes en 2007 et 2008

N°		2007	2008
	Gares	Recettes totales	Recettes totales
1	Moubotsi	4 143 845	2 336 425
2	Mont Bélo	8 964 095	6 371 775
3	Loudima	104 708 965	95 117 690
4	Nkayi	156 155 440	134 118 365
5	Madingou	68 701 715	48 845 115
6	Bouansa	164 006 505	156 435 055
7	Loutété	48 727 770	40 267 191
Total		555 398 335	393 491 616
Moyenne mensuelle		46 283 194	32 790 968

Source : Direction Générale du CFCO, 2009

Les tarifs du transport ferroviaire entre Brazzaville et Pointe-Noire, et les grandes gares de la Bouenza par Train Rapide Océan, varient entre 9 800 et 12 070 F CFA en première classe et 6 695 et

8 265 F CFA en deuxième classe par voyageur. Les prix des billets dans les nouveaux trains de voyageurs qui ont été mis en circulation en août 2012 s'élèvent à 17 000 F CFA pour la première classe et 11 000 F CFA pour la seconde classe. Dans le département de la Bouenza, ceux-ci desservent Nkayi et Loutété.

La baisse du trafic des voyageurs en 2008 pourrait s'expliquer par la mauvaise tenue des données statistiques, la détérioration de la qualité des services du chemin de fer et la concurrence du transport routier de plus en plus important entre le département de la Bouenza et Pointe-Noire depuis que les travaux de construction de la route ont amélioré les conditions de traversée du massif du Mayombe. À cela s'ajoute la mauvaise foi de certains agents qui mettent beaucoup de laxisme dans la gestion financière de leur structure, favorisant notamment les déplacements clandestins. Dans la réalité, le trafic est nettement plus important qu'il n'est présenté. Quoi qu'il en soit, le transport ferroviaire a généré d'importantes activités économiques directes tenues par les commerçants transporteurs et les commerçants voyageurs.

Bouansa est l'une des gares les plus dynamiques du Chemin de Fer Congo-Océan. À titre illustratif, en 2007, Bouansa était la quatrième des cinquante-cinq gares du Chemin de Fer Congo-Océan (en comptant celles du réalignement Dolisie-Bilinga) pour le nombre de voyageurs, la deuxième pour les bagages, la huitième pour les expéditions en wagons complets et la cinquième pour les encaissements. Au plan régional, pendant la demi-décade 2004-2008, cette localité était la deuxième à avoir vendu le plus de billets de voyageurs soit 22,3 % et occupait le même rang pour les recettes issues de la vente des billets soit 29,10 % après Nkayi.

Pour les expéditions de wagons complets, la gare de Bouansa se place huitième et cinquième pour les encaissements. Au plan régional, la gare de Bouansa occupe la deuxième classe parmi les huit gares. Elle vient derrière Nkayi pour les expéditions de marchandises en régime accéléré par wagons complets. Par contre, elle reste la première gare pour l'expédition des produits agricoles avec des recettes mensuelles de l'ordre de 8 500 000 F CFA dans les activités concernant le transport et le commerce du manioc.

Bouansa doit son dynamisme à son bassin vivrier et surtout aux districts excentrés qui sont au nord du Niari et de la Bouenza et au sud comme Mfouati. La gare de Bouansa est un centre de collecte de produits agricoles de ses environs et des districts excentrés : Tsiaki, Kingoué, Mabombo, Yamba, Mouyondzi et Mfouati. Elle est aussi un pôle redistributeur des produits manufacturés venant des deux métropoles congolaises situées aux extrémités du Chemin de Fer Congo-Océan, Pointe-Noire et Brazzaville.

Pour l'expédition des différents produits vers Pointe-Noire et Brazzaville, le Chemin de Fer Congo-Océan loue des fourgons, conteneurs et tombereaux aux commerçants à raison de 100 000 F CFA le wagon. Les activités commerciales qui se déroulent autour des produits agricoles font vivre plusieurs familles. Un agriculteur moyen, après la vente de tous ses produits cultivés, réalise des recettes annuelles de 600 000 à 1 200 000 F CFA.

Les commerçants transporteurs et les commerçants voyageurs

Le commerçant est une personne dont le métier est d'acheter, de vendre ou d'échanger des produits. Il est aussi appelé marchand. Le vendeur est un commerçant qui gère un point de vente. Au sens large, les concepts commerçant, marchand et vendeur disent la même chose. En relation avec le trafic ferroviaire, il y a deux types de commerçants : les commerçants transporteurs et les commerçants voyageurs. Les commerçants transporteurs sont soit propriétaires ou locataires de véhicules qui évacuent les produits agricoles des villages jusque dans les gares, soit propriétaires ou locataires de wagons qui transportent lesdits produits vers Pointe-Noire ou Brazzaville. Les commerçants voyageurs ne possèdent pas de véhicules ni ne louent des wagons. Ils bénéficient des services des acteurs du premier groupe.

Lieu de résidence, répartition par âge, sexe et langue maternelle

Les commerçants que nous avons interrogés résident tous dans le département de la Bouenza. Les plus nombreux résident à Mouyondzi (26,1 %), Bouansa (21,7 %) et Madingou (21,7 %). Quelques-uns habitent carrément au village (8,7 %). Très peu habitent la ville, à peine 4,3 % à Nkayi, la métropole de la Bouenza.

En examinant leur répartition par sexe, on constate que les hommes sont légèrement plus nombreux (52,2 %) que les femmes

(47,8 %). Parmi ces commerçants, 21,8 % seulement ont moins de 25 ans. Les plus nombreux ont entre 25 et 35 ans (39,1 %). Selon leurs langues maternelles, les commerçants *beembé* sont les plus nombreux (30,4 %) suivis des *Kamba* (13 %). Après vient le groupe des commerçants *téké*, *sundi* et *vili* qui approchent 10 % et celui des *hangala*, *dondo* et *lari*, avec près de 5 % de l'ensemble des commerçants. À ceux-ci, se joignent des commerçants étrangers notamment mauritaniens qui représentent 8,7 % de l'ensemble.

Niveau d'instruction et situation matrimoniale

Les 3/4 des commerçants ont reçu une formation scolaire. En effet, 21,7 % ont été à l'école primaire, 39,1 % dans le secondaire et 4,3 % à l'université. Parmi eux, plus de la moitié (61 %) sont mariés tandis que les célibataires représentent 30,4 % et les veufs 8,6 %. Cependant, tous ont une charge sociale importante. En effet, 86,9 % ont entre 2 et 6 personnes à charge ; 13,1 % ont plus de 6 personnes à charge. En plus de leurs propres enfants, il s'agit des neveux, des nièces, des cousins, des enfants des amis, etc. Ces personnes à charge forment implicitement la main-d'œuvre nécessaire à la réalisation de certaines opérations relatives à leurs activités. À ce propos, très peu disent le nombre de salariés qu'ils emploient.

Des activités commerciales axées sur les produits agricoles locaux

Les produits les plus régulièrement vendus sont les produits agricoles locaux et les produits manufacturés importés ou fabriqués dans le pays même. À en croire les avis des commerçants, l'arachide (12), le manioc roui (11), les cossettes de manioc (11), la banane (6) et le maïs (5) sont, dans cet ordre, les produits les plus vendus. Ils les citent 45 fois sur 60. Le safou, le gingembre, la patate douce, l'avocat, l'huile de palme, le vin de canne à sucre et les agrumes ne le sont que 15 fois.

Les produits manufacturés concernent l'habillement, les bijoux, le petit outillage, le matériel d'emballage, les fils d'attache, le pétrole et les produits divers de première nécessité. À cela s'ajoutent les produits alimentaires : poisson frais, poisson salé, poisson fumé, boisson.

Près de 80 % des commerçants exercent leur activité toute l'année. Dans la collecte des produits agricoles, le district de Mouyondzi est de loin le plus visité. Cela s'explique dans une large mesure par l'importance de la production agricole dans cet espace, son accessibilité, la résidence et l'origine du grand nombre de commerçants. Bon nombre d'entre eux y sont très actifs : *c'est notre village et nous en sommes fiers*, disent-ils. Un peu plus de la moitié des commerçants s'approvisionnent en produits au village (56,5 %). Les autres (43,5 %) le font à la gare, évitant les tracasseries du transport routier entre les champs, le village et la gare. Les conditions d'achat sont très diversifiées. Les uns achètent au comptant (65,2 %) et les autres à crédit (13 %) ; certains pratiquent le troc (21,8 %). Le prix est souvent fixé au détail dans presque 60 % des cas.

À la question de savoir où ils vendent leurs marchandises, 47 % des commerçants citent Pointe-Noire, 28 % Brazzaville et 25 % les localités de Mouyondzi, Bouansa, Loutété et Madingou-gare. En fait, un commerçant, selon le contexte ou sa préférence, peut décider d'écouler sa marchandise là où il veut. Ainsi, nos enquêtes montrent que 53,7 % ont un seul point de vente, 40,5 % en ont deux et 5,8 %, trois. Ainsi, après la collecte, ils peuvent revendre leurs produits à la gare, par exemple à Bouansa, Loutété, Madingou ou Loudima, ou bien les acheminer à Pointe-Noire ou à Brazzaville. Quel que soit le lieu de vente, presque les 3/4 (74 %) des commerçants livrent leurs produits au comptant et 26 % le font à crédit. La vente en gros représente 37,8 % et le détail 62,2 %. Cette vente leur rapporte un gain mensuel assez alléchant comme l'indique la figure n° 14.

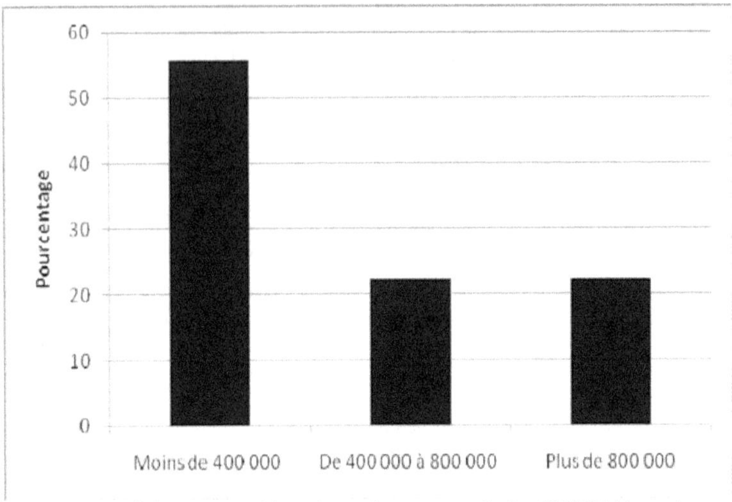

Figure n° 15 : Répartition des gains mensuels (en F FCFA) sur le commerce des produits agricoles

À propos de l'entreposage des produits agricoles dans l'attente de leur embarquement dans le train, en 2005, nous avions dénombré à Nkayi, autour de la gare ferroviaire, quatre dépôts : Bala ba Nzambi, Djo Nguengué, Kiwisa, Kiwisa rénové. Deux dépôts étaient situés sur l'esplanade de la gare, hangars en tôles ondulés, et appartenaient à des agents du Chemin de Fer Congo-Océan. Un des dépôts occupait une ancienne maison d'habitation, en allant vers Pointe-Noire et un autre, un hangar, sur la sortie de l'avenue du 31 décembre 1969 qui mène vers l'hôtel de ville. Ces deux dépôts appartenaient à des particuliers. Toutefois, ces dépôts privés existent encore dans les autres gares ferroviaires. Les sacs de cossettes de manioc sont de temps à autre exposés au soleil pour sécher le produit et éviter sa détérioration.

Suite à la fermeture officielle des entrepôts privés de produits agricoles dans les gares, c'est désormais le Conseil Congolais des Chargeurs qui s'occupe de l'entreposage et du transport desdits produits sur le chemin de fer. L'un de nos enquêteurs se disait membre du Conseil Congolais des Chargeurs, « prétendue association » d'Isidore Mvouba (ministre d'État, ministre des Transports et de l'Aviation civile chargé de la coordination de l'action gouvernementale [en ce temps] et ancien cheminot). Cette position le favorisait dans l'acquisition des wagons auprès du

Chemin de Fer Congo-Océan, pour l'expédition des produits vers Pointe-Noire. À Nkayi, les services du Conseil Congolais des Chargeurs sont installés dans les locaux des anciens magasins Borges à proximité de la gare. La location de ces structures par les *groupeurs* coûte 50 000 F CFA par mois. La taxe forfaitaire d'entreposage s'élève à 1000 F CFA le carré (10 sacs de cossettes de manioc) pour 11 jours.

Le Conseil Congolais des Chargeurs a été créé par ordonnance n° 8-2000 du 23 Février 2000. C'est un établissement à caractère de service, doté de la personnalité juridique et de l'autonomie financière. Son siège est à Pointe-Noire. Il a pour objet de définir et de promouvoir une politique de protection des intérêts des chargeurs importateurs et exportateurs, face aux problèmes rencontrés sur l'ensemble de la chaîne des transports. Le Conseil Congolais des Chargeurs a pour compétence de suivre l'évolution des tarifs, des coûts connexes et de la qualité de service tout le long de la chaîne des transports, de contribuer à la mise en valeur des conditions optimales de réception et/ou d'expédition des marchandises, de réaliser et gérer les magasins, les entrepôts réels sous douane, les ports secs et les gares de fret, de participer à la recherche des débouchés pour la promotion des produits congolais et de mettre en place et gérer l'observation des transports.

Pour mieux assurer ses missions, le Conseil Congolais des Chargeurs prévoit de se doter progressivement des outils et des infrastructures d'appui aux activités et opérations des chargeurs (entrepôts réels sous douane, ports secs, gares de fret, etc.)

La collecte et le transport des produits les plus régulièrement vendus

Les *groupeurs* sont des personnes qui rassemblent les produits des autres commerçants et s'occupent à la fois de leur entreposage et de leur expédition vers le point de vente, Pointe-Noire ou Brazzaville. Il arrive qu'ils les prennent en charge depuis le village. Les groupeurs ou « courtiers intermédiaires » sont aussi des jeunes gens, généralement natifs de la contrée, qui parlent toutes les langues de la localité. Ce sont des intermédiaires presque incontournables, entre les commerçants et les producteurs. Les groupeurs sont donc très influents auprès des autres commerçants. Ils demeurent en bons termes et en affinité avec les agents du Chemin de Fer Congo-Océan en service dans les gares ou dans la haute hiérarchie de cette entreprise. Ils peuvent, en même temps, être au service de deux ou trois commerçants appelés couramment *grossistes*. Ils vont de village en village, de champ en champ, sillonnent différents lieux de stockage pour acheter ou réquisitionner les denrées agricoles (manioc, arachide, banane…) ou des animaux d'élevage (bovins, porcs). Ces intermédiaires achètent les denrées agricoles, les font transporter par des groupes d'entraide ou par des véhicules, des lieux de stockage à la gare ferroviaire. Là, avec leurs employeurs, ils surveillent l'expédition des colis par train. Ils veillent à l'embarquement des différents colis qui sont confiés aux *chargeurs* de la gare ferroviaire. Les *chargeurs* sont des tâcherons qui chargent et déchargent les marchandises des conteneurs et des wagons dans les gares ferroviaires comme le font les dockers dans les entrepôts portuaires. Cependant, ce ne sont pas des travailleurs du Chemin de Fer Congo-Océan.

Dans les champs et les lieux de stockage, les prix sont différents de ceux qui sont pratiqués à la gare. Les *groupeurs* sont forts dans la négociation des prix. Souvent, les commerçants apprécient les prix qu'ils arrachent aux producteurs et ces derniers ne s'en plaignent pas. Ils achètent en gros avec des prix fixés après maintes discussions et tacites arrangements, faute de mercuriale. Ces prix sont en deçà de ceux qui sont appliqués aux autres acheteurs. De manière générale, le tableau XX montre que les prix sont très diversifiés.

Tableau XX : Prix d'achat des produits agricoles déclarés par les *groupeurs*

N°	Produits agricoles	Prix / sac (F CFA)
1	Arachide non décortiquée	6 000-10 000
2	Arachide décortiquée « bandeau vert »	15 000-18 000
3	Manioc roui	6 000-10 000
4	Cossettes de manioc	12 000-15 500
5	Haricot	75 000-80 000
6	Courges	30 000-40 000
7	Gingembre	20 000-25 000

Source : Gare ferroviaire de Bouansa. Services de contrôle de l'agriculture et de l'élevage, 2006

Dans la chaîne de collecte et de transport des produits agricoles notamment du manioc et de l'arachide, interviennent plusieurs acteurs : les paysans, les rabatteurs, les *groupeurs*, les gardiens des dépôts, les transporteurs (chauffeurs, convoyeurs), les commerçants, les pousse-pousseurs et les chargeurs.

Une dizaine de personnes intervient dans le chargement des sacs dans le pousse-pousse, engin qui assure le transport des marchandises entre le dépôt et le train où s'effectue le chargement dans les wagons (photo n° 9). Le transport des sacs de cossettes de manioc du dépôt au wagon se fait par pousse-pousse. Le pousse-pousse transporte 6 à 7 sacs de cossettes séchées de manioc par tour. Comme si cela était nécessaire, les opérations se déroulent sous le contrôle des agents de la police.

Les produits vivriers sont entreposés en vrac et exposés aux intempéries dans les gares ferroviaires (photo n° 10). Un wagon plein contient 42 tonnes correspondant à 300 sacs de cossettes de manioc. Un sac de cossettes de manioc bien chargé pèse environ 140 Kg. Le chargement de sacs de cossettes de manioc dans le train est manuel et dure 2 jours en moyenne par wagon. Le départ du wagon sur Pointe-Noire a lieu au quatrième jour.

Lorsque tout se passe bien, le trajet, pour prendre le cas de Nkayi à Pointe-Noire, dure deux jours.

Les commerçants achètent le sac de cossettes de manioc à 15 000 ou 20 000 F CFA selon les périodes de l'année. Il est cher, notamment, entre les mois d'octobre et janvier, au moment où les paysans, occupés par la préparation et la plantation de nouveaux champs, se détournent de la production du manioc. Il y a alors ce que les commerçants aiment bien appeler *crise* ou *terrain vide*. Le produit devient rare et ils font de bonnes affaires. À Pointe-Noire, le sac de cossettes de manioc coûte entre 35 000 et 45 000 F. En novembre 2011, la rareté des pluies et les fortes chaleurs ont occasionné de mauvaises récoltes dans le département de la Bouenza. Les champs, qui normalement produisent 15 sacs, n'en ont donné que cinq. Cela a entraîné une flambée des prix des denrées agricoles sur les marchés urbains. Du reste, le prix local d'un Kg d'arachides sèches a atteint 700 F CFA, alors qu'en période de récolte il baisse jusqu'à 250 F CFA.

La vente de 100 sacs de cossettes de manioc rapporte donc entre trois et quatre millions de francs CFA, avec une marge bénéficiaire de 300 000 à 800 000 F CFA, sinon plus. Au détail, d'après le Centre national de la statistique et des études économiques, la farine de manioc est vendue à 429 F CFA le Kg (2007). La vente d'un sac de manioc de 140 Kg rapporte au détaillant 60 060 F CFA, soit 15 000 à 25 000 F CFA de bénéfice desquels il faut soustraire quelques petites charges.

De plus en plus, les originaires du département de la Bouenza, organisés en associations ou individuellement, s'impliquent dans le développement local dudit département. L'exemple de la coopérative Ngoma Nguimbi Sala (Cngonguis) le montre de la bonne manière. En effet, cette coopérative est une structure à vocation commerciale créée en 2005 et agréée par la direction départementale de l'agriculture de la Bouenza en 2006. Son siège social est situé à Moulanga, à 2 Km de Loudima, sur l'axe routier Loudima-Sibiti. Ses objectifs sont : participer au développement socio-économique du district de Loudima et du département de la Bouenza, contribuer à la lutte contre le chômage des jeunes en milieu rural, pallier les pénuries en produits vivriers dans les centres urbains, améliorer les conditions de vie des populations rurales et lutter contre la pauvreté.

Son action porte sur les activités agropastorales, l'agroforesterie et la transformation des produits locaux. Le fonds initial de la coopérative est de 744 000 francs CFA. La coopérative est administrée par un comité de gestion composé de six (6) membres. L'encadrement technique est assuré par les services de la direction départementale de l'agriculture de la Bouenza. Son projet principal porte sur l'achat des cossettes de manioc en milieu rural et son écoulement sur le marché urbain précisément à Pointe-Noire. Les différentes rubriques de dépenses reportées dans le tableau XXI indiquent les articulations essentielles de son projet qui est évalué ainsi à 3 132 000 francs CFA.

Tableau XXI : Dépenses relatives à l'achat et au transport de 100 sacs de cossettes de manioc de Loudima à Pointe-Noire

N°	Désignation	Prix unitaire (F CFA)	Prix total (F CFA)
1	Prix d'achat	20 000	2 000 000
2	Transport par camion (Loudima Poste- la gare)	1000	100 000
3	Chargement	500	50 000
4	Taxe du ministère de l'Agriculture	200	20 000
5	Taxe de la Police	-	2000
6	Manutention à l'expédition	700	70 000
7	Expédition par train vers Pointe-Noire	7 000	700 000
8	Manutention à la gare de Pointe-Noire	700	70 000
9	Taxe du ministère de l'Agriculture	200	20 000
10	Transport de la gare au point de vente	1000	100 000
	Dépenses totales	31 300	3 132 000

Source : Enquête personnelle, 2007

Ce projet illustre le niveau d'investissement à réaliser pour s'engager dans l'activité commerciale liée au transport sur le Chemin de Fer Congo-Océan. Toutefois, tenant compte des faiblesses du système de gestion et de contrôle, les commerçants usent de certains moyens pour se dérober à ces diverses charges.

Dans le même esprit, un jeune sous-officier de la police nationale, originaire de ce département, demande et obtient régulièrement des permissions d'absence pour aller faire des champs de manioc, manuellement, à Madingou. En 2010, il a récolté et expédié 10 sacs de cossettes de manioc à Pointe-Noire réceptionnés et vendus par sa sœur cadette qui travaille à la direction départementale du commerce, à 45 000 F CFA l'unité, pour un gain total de 450 000 F CFA. Il le fait au moins deux fois par an. Lorsqu'il était élève au lycée, pendant les vacances (juillet-septembre) il produisait des cossettes de manioc dont la vente lui procurait de l'argent qui l'aidait à acheter les fournitures et la tenue scolaires. Aujourd'hui, cette activité lui donne une sorte de statut bigarré de fonctionnaire-agriculteur-commerçant dont il est d'ailleurs heureux. Il envisage de labourer ses champs au tracteur (le ministère de l'Agriculture a fait don de tracteurs à chaque département) pour accroître son activité.

Nous pouvons aussi évoquer le cas de M. E., originaire du district de Mouyondzi et enseignant dans le district voisin de Tsiaki. Il partage son temps entre sa vie professionnelle et les activités agricoles. De plus en plus, il consacre plus de temps aux travaux champêtres qu'à l'enseignement. En effet, avec sa seconde femme qu'il a trouvée sur place, il entretient des champs depuis qu'il est en service dans ce district. Pendant les grandes vacances notamment en août-septembre, ils vont vendre leurs produits à Pointe-Noire, sur le marché urbain. Ainsi, en septembre 2011, ils ont produit 75 sacs de manioc qui leur ont rapporté 2, 250 millions de francs CFA, à raison de 30 000 F CFA le sac. Il considère que l'affaire est rentable. Sans nous donner le chiffre exact, il dit qu'elle leur rapporte un bénéfice avoisinant un million de francs chaque saison. Pour ce faire, il n'a aucunement l'intention de changer de lieu de service.

Face à toutes les contraintes et en vue de rentabiliser leurs activités, les commerçants, notamment les jeunes, organisent souvent des cargaisons groupées en direction de Pointe-Noire. C'est le cas d'une dizaine de jeunes commerçants originaires des districts de Kingoué (dans la partie nord du département de la Bouenza) et Kimba, à l'ouest du département du Pool. Ils pratiquent le commerce de bétail. Au cours de nos entretiens, le chef du groupe nous a raconté que, régulièrement, ils louent un wagon pour le transport de leurs bêtes (il s'agit de bœufs) de Bouansa à Pointe-Noire. Ils bénéficient de quelques facilités grâce à leurs bons rapports avec les agents du Chemin de Fer Congo-Océan. En effet, si pour 72 têtes de bétail ils dépensent globalement la somme de 625 000 F CFA en taxes de toutes sortes, les responsables locaux du chemin de fer reçoivent un pourboire de 50 000 F CFA. Très vite alors le wagon est trouvé, et les bêtes embarquées vers Pointe-Noire. Ils passent par Kingoué et Mouyondzi pour atteindre la gare de Bouansa. Ils le font en moyenne deux fois par mois. Ils ne se déplacent pas tous mais ils le font de manière rotative, en désignant trois ou quatre d'entre eux pour effectuer le déplacement. Quand ils en ont le temps, quelques-uns les accompagnent jusqu'à Bouansa, sinon à mi-chemin. Certains villageois leur confient la vente de leur bétail à Pointe-Noire où la vente est nettement plus rentable qu'au village. En même temps, ces jeunes commerçants jouent le rôle de groupeurs comme le font les autres concernant les produits agricoles. Le tableau XXII présente les dépenses relatives à l'achat et au transport d'un bœuf de Kimba, dans le département du Pool, à Pointe-Noire. À ces dépenses s'ajoutent les taxes diverses (services de l'élevage, service d'hygiène ...), souvent réglées sous forme de pourboires et de dessous de table. Pour 20 têtes de bétail, par exemple, les dépenses globales s'élèvent à 3 500 000 F CFA.

Tableau XXII : Dépenses relatives à l'achat et au transport d'un bœuf

N°	Désignation	Prix unitaire (F CFA)
1	Achat à Kimba	150 000
2	Convoyage Kimba-Kingoué-Mouyondzi (à pied)	10 000
3	Mouyondzi-Bouansa (camion)	5 000
4	Bouansa-Pointe-Noire (train)	10 000
Dépenses		175 000

Source : Enquêtes personnelles, 2007

La vente d'un bœuf à Pointe-Noire rapporte autour de 250 000 F CFA et elle n'est pas faite sur pied. Les bêtes sont livrées à crédit aux commerçants ouest-africains, pour la plupart, et l'argent est récupéré une semaine après. Ainsi, ils réalisent un bénéfice approximatif de 75 000 F CFA sur la vente d'un bœuf. Chaque jeune commerçant villageois expédie entre 3 et 5 bêtes et parfois plus par convoi. En fait, tous ne trouvent pas toujours des bêtes à vendre. Tout dépend de l'ardeur et de la perspicacité des uns et des autres. Les plus actifs ne passent pas un mois sans réaliser de vente. L'activité rapporte un bénéfice de l'ordre de 300 000 F CFA à chacun. La marge bénéficiaire est donc juteuse, surtout si on la multiplie par le nombre de voyages. Certes, l'activité est pénible, mais elle est largement rentable, d'après ces jeunes. Avant de rentrer chez eux, ils achètent les produits de première nécessité, pour ravitailler leurs boutiques au village.

À ce propos, il est apparu une forme de troc entre les commerçants et les villageois portant sur l'échange de motos

Djakarta contre des bœufs dans les districts de Kingoué dans la Bouenza et de Kimba dans le Pool. En effet, les jeunes commerçants achètent des motos *Djakarta* à Pointe-Noire au prix de 150 000 à 250 000 F CFA l'unité et les vendent au village à 250 000 ou 400 000 F CFA. En espèces, l'acheteur ne verse au commerçant que le surplus de la valeur de la moto qui varie entre 50 000 et 100 000 selon qu'il s'agit d'une moto d'occasion ou d'une moto neuve. Parfois, le fournisseur de motos prend des bœufs à crédit au village ; il les vend à Pointe-Noire et achète les motos qu'il livre à Kingoué et à Kimba. Actuellement, on dénombre plus de 50 motos *Djakarta* à Kimba-centre et entre 100 et 150 dans l'ensemble du district, à raison de 5 motos au moins par village. Certaines mauvaises langues disent même que ce district de Kimba compte le plus grand parc de *Djakarta* de la contrée. Pour ce faire, M. J. *alias* Sherif, le plus grand commerçant du district de Kimba actuellement et principal promoteur de cette activité, a ouvert une boutique-relais de motos *Djakarta* et de pièces détachées à Kingoué dans le département de la Bouenza. Les motos neuves arrivent en pièces détachées ; le montage se fait à Kingoué. Cela a donné naissance à un type d'emploi nouveau, le monteur-réparateur de motos, qui n'avait jamais existé au village. Ces engins servent de taxis-motos, faute de véhicules de transport en commun et d'ambulance pour l'évacuation des malades. Il s'est engagé ici une concurrence effrénée entre les jeunes dans le cadre de l'amélioration de leur standing dont la moto et le parc à bœufs sont des signes distinctifs dans le district de Kimba. Cet enrichissement et ce dynamisme sont insufflés sans contredit par le Chemin de Fer Congo-Océan qui participe ainsi à l'amélioration de l'ordinaire dans le département de la Bouenza et au-delà.

Le circuit de commercialisation des bœufs du district de Kingoué est organisé de manière particulière. Il fonctionne sur le modèle coopératif. En effet, les éleveurs du district de Kingoué considèrent que le système coopératif répond aux traditions communautaires et à l'esprit de solidarité. Le groupement coopératif se crée au village et dans le quartier. En somme, les coopératives facilitent le commerce des bœufs du district de Kingoué.

Les éleveurs, devenus commerçants, acheminent leurs bœufs eux-mêmes à Pointe-Noire. Ces derniers s'organisent en convois regroupant des ressortissants de plusieurs villages. Il y a d'une part le convoi partant des villages Mounkomo, Kingoué-centre et d'autre part celui des villages Kingah, Matsiti, Kinkoula. Les deux convois font jonction à Zabata. De là, ils marchent vers Mouyondzi, localité où ils chargent leur bétail dans des véhicules pour l'amener à la gare de Bouansa. L'embarquement dans le train pour Pointe-Noire n'est pas immédiat. Les wagons ne sont pas disponibles aussitôt. L'attente peut durer plusieurs jours, voire des semaines. Malgré tout, les éleveurs commerçants affirment que leur activité est, dans ce district, plus rentable que l'agriculture. Leurs revenus sont nettement plus appréciables que ceux des agriculteurs. Ils reconnaissent que ceci est, dans une large mesure, favorisé par le Chemin de Fer Congo-Océan qui aide au transport du bétail vers Pointe-Noire.

Tableau XXIII : Répartition des revenus annuels des éleveurs du district de Kingoué (en F CFA)

N°	Revenus des éleveurs	Citations	Pourcentage
1	Moins de 70 000	37	48,0
2	70 000 - 140 000	36	46,8
3	140 000 - 210 000	2	2,6
4	Plus de 210 000	2	2,6
Total		77	100 %

Source : Enquêtes personnelles, 2010

Le tableau XXIII montre que le plus grand nombre d'éleveurs du district de Kingoué (52 %) dispose de revenus annuels supérieurs à 70 000. Le kilogramme de viande fraîche de bœuf coûte 1500 F CFA à Kingoué alors qu'il vaut 4000 F CFA à Pointe-Noire. Ainsi, les éleveurs de bœufs préfèrent amener leur bétail à Pointe-Noire où ils gagnent plus. Les bœufs élevés dans le district de Kingoué sont beaucoup plus vendus à Pointe-Noire (89,2 %) qu'à Dolisie (8,4 %) ou Nkayi (2,4 %). Dans le district de Kingoué, le prix de vente d'un bœuf varie de 100 000 à 150 000 F CFA. Pour éviter des tracasseries, bon nombre d'éleveurs (86,7 %) choisissent de vendre leur bétail dans leurs parcs. Les acheteurs (autres éleveurs ou commerçants) payent les services des bouviers pour transporter le bétail acheté jusqu'au village. Certains le font jusqu'à Mouyondzi. Le transport des bœufs dans le district de Kingoué est un véritable casse-tête. Les routes étant dégradées, la presque totalité des éleveurs et des commerçants (94 %) est obligée de déplacer les bêtes à pied jusqu'à Mouyondzi. On observe de ce fait une perte de poids et la mort de certaines bêtes, ou la détérioration de la qualité de la viande.

Le vol est l'un des problèmes majeurs dont souffrent les éleveurs du district de Kingoué. Des bandes de jeunes inactifs volent les bœufs de leurs parents et même d'autres villageois. Cela engendre des litiges entre les éleveurs et les jeunes villageois. Ces vols sont parfois commandités par des citadins. À cause de cela, la circulation du bétail est conditionnée par la présentation d'une attestation de vente établie par le président du comité du village dont dépend le propriétaire vendeur. Cette attestation est utile pour le transport du bétail jusqu'à la gare ferroviaire d'embarquement en l'occurrence Bouansa. Elle permet le contrôle de son origine par les autorités locales. Enfin, la présence de la police dans le circuit dissuade, dans une certaine mesure, les voleurs de bétail qui parfois opèrent jusque dans les départements voisins notamment celui du Pool.

Des activités de substitution lorsque le trafic est suspendu sur le Chemin de Fer Congo-Océan

Lorsque le trafic sur le Chemin de Fer Congo-Océan est suspendu, les commerçants fonctionnent autrement. Seuls 6,8 % d'entre eux ne font rien. En effet, la majorité (93,2 %) a pu diversifier ses activités à tel point qu'elle combine le commerce et les travaux champêtres ou celui-ci avec le transport. En effet, il ressort de nos enquêtes qu'en cette circonstance le commerce occupe encore 46,7 % d'entre eux, les travaux agricoles 43,1 %, le transport 5,1 % et les activités artisanales et manufacturières 5,1 % (figure n° 15). Concernant le commerce, cette fois-ci, il s'agit d'une reconversion en ville, notamment dans la vente des produits maraîchers ou ruraux fournis par la proche campagne du centre urbain dont le cas le plus évoqué est celui de Pointe-Noire.

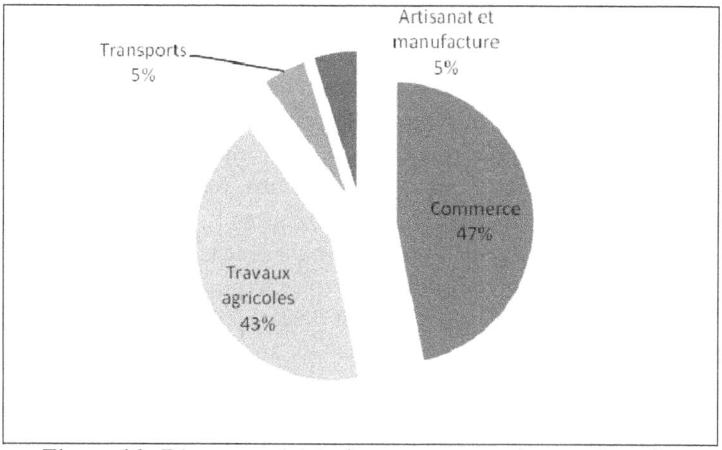

Figure 16 : Diverses activités des commerçants lorsque le trafic ferroviaire est suspendu

À propos du commerce, d'après notre dernier comptage en mars 2012, Bouansa abrite 62 boutiques et Boko-Songho 3 dont 2 appartiennent à des Mauritaniens et une à un autochtone. Les commerçants basés dans les chefs-lieux de district situés en retrait du Chemin de Fer Congo-Océan se ravitaillent à Nkayi, Madingou et Mouyondzi. Exceptionnellement, Mouyondzi abrite une trentaine de boutiques. Chardon passe pour le plus grand commerçant de la localité et même de tout le département. Il vend sa marchandise à des prix défiant toute concurrence, à la grande joie de la clientèle locale. En 2006, les commerçants mauritaniens, ne pouvant résister à cette concurrence, ont été contraints de fermer leurs boutiques. Ils ne se sont réinstallés à Mouyondzi qu'en 2011, au moment où Chardon a décidé de délocaliser ses activités commerciales du département de la Bouenza pour les implanter à Pointe-Noire.

La vie du marché est étroitement liée au Chemin de Fer Congo-Océan. Le *marché-foire* est tournant dans toutes les gares et localités importantes du département. C'est la forme moderne du marché traditionnel. Il attire les habitants de tous les villages, de tous les hameaux et d'autres districts du département et des autres localités notamment les commerçants, sur le CFCO ou sur la route nationale n° 1, venant de Brazzaville ou de Pointe-Noire. On y vend des produits de l'agriculture, de l'artisanat et de l'élevage. Cependant, l'habillement, notamment la friperie, occupe une place importante. On y note aussi une présence remarquable de vendeurs d'origine ouest-africaine. La clientèle est nombreuse et les vendeurs réalisent de bonnes recettes.

En période d'arrêt ou de ralentissement des activités sur le chemin de fer, les commerçants se consacrent à la vente des produits disponibles dans leurs boutiques. Il s'agit de produits alimentaires et vestimentaires. Il y a des cas où certains vont s'installer à Pointe-Noire ou à Brazzaville pour s'investir dans la vente de la friperie. D'autres, ayant diversifié leurs affaires, gèrent leurs débits de boisson ou leurs hôtels en attendant la reprise du trafic ferroviaire. Ceux qui possèdent des véhicules se lancent dans le transport interurbain départemental, sur la route nationale n° 1, entre les localités de Loudima, Nkayi, Madingou, Bouansa et Loutété ou sur l'axe Mouyondzi-Bouansa. Les moins nantis exercent de petites activités de survie qu'ils combinent aux travaux champêtres : vente ambulante, de village en village, de produits pharmaceutiques génériques, vente de pain au marché local ou à la criée, vente de légumes. Les diverses déclarations ci-dessous des villageois montrent comment les uns et les autres s'occupent, dans cette période d'inactivité sur le chemin de fer. Par contre, il se trouve des commerçants qui sont désemparés lorsque le train ne circule plus. Ils l'ont dit au cours de nos enquêtes, sans détours :

> Quand le trafic est suspendu sur le CFCO, nous ne faisons plus rien. Nous peinons car l'activité est arrêtée. Nous considérons que le CFCO est l'unique moyen de transport vers Pointe-Noire.

Les difficultés que rencontrent les commerçants

Les difficultés que rencontrent les commerçants sont de plusieurs ordres. Elles sont notamment liées à 60,9 % aux activités de transport, 30,4 % au commerce proprement dit et 8,7 % aux travaux champêtres. Les difficultés liées au transport, de loin les plus importantes, concernent les mauvaises conditions de voyage et les tracasseries relatives à l'évacuation des marchandises vers les villes.

Les difficultés liées au transport concernent les aspects liés au mauvais fonctionnement du Chemin de Fer Congo-Océan que nous avons évoqués dans la première partie de notre travail. L'indisponibilité des wagons de marchandises se conjugue avec le manque de véhicules appropriés pour transporter les produits agricoles vers les points de collecte. Les commerçants n'hésitent pas à dire que *le transport au niveau du CFCO est problématique.*

Compte tenu de l'insuffisance des wagons de marchandises, le Chemin de Congo-Océan accorde le privilège aux trains-blocs Pointe-Noire/Brazzaville/Pointe-Noire. Les usagers disent : *les régions traversées par le train sont négligées, abandonnées.* Dans le département de la Bouenza, la priorité est donnée au transport des produits de SARIS-CONGO. *Cette situation nous paralyse beaucoup*, clament les commerçants, ajoutant que le transport vers Pointe-Noire des produits comme les oranges, les safous et l'huile de palme devient de plus en plus périlleux. C'est alors que, pour plus de sûreté, les commerçants procèdent par transport groupé notamment en confiant leurs marchandises aux consignataires de wagons. De toutes les façons, ils sont contraints de faire ainsi, étant donné que l'attente d'un wagon dure parfois un mois. C'est cette lenteur dans l'acheminement des marchandises, notamment de Pointe-Noire à Bouansa, qu'évoquent les commerçants, pour dire que les stocks restent parfois deux à trois semaines en attente à Pointe-Noire, avant d'être embarqués. Le long du tronçon Pointe-Noire-Bouansa, les agents du Chemin de Fer Congo-Océan exigent des pots-de-vin pour laisser circuler le wagon, sinon il est décroché de la rame et carrément « différé » c'est-à-dire abandonné dans une gare en attendant un hypothétique démarrage. À cause de cela, les commerçants estiment que les agents du CFCO, par leur cupidité, augmentent les difficultés de cette entreprise. Ceci est bien plus grave lorsque les propriétaires des marchandises manquent de suivi pendant le parcours. Le temps d'attente avant l'embarquement des produits et celui que le train met pour arriver à Pointe-Noire peuvent couvrir deux semaines, aggravant ainsi le risque de perte des produits périssables comme la banane. Les structures de conditionnement des produits agricoles n'existent pas du tout, ni dans les gares ni dans les trains.

Par manque de wagons-fourgons disponibles en direction de Brazzaville, les commerçants embarquent leurs marchandises à découvert dans les trains spécialisés dans le transport de bois, dits *trains lourds.* Là aussi, ils sont exposés aux caprices et à la cupidité des agents du Chemin de Fer Congo-Océan, des militaires, des ex-combattants et des convoyeurs qui exigent un pourboire pour leur faire de la place et sécuriser leurs colis. À en croire certains commerçants, les taxes, au total, peuvent coûter 100 000 francs, sur un gain de 150 000 francs[41].

À cause de ces difficultés beaucoup de commerçants ont opté pour les produits secs et le manioc roui qui peuvent résister plus longtemps aux intempéries, notamment à la pluie et à la chaleur.

Quand le Chemin de Fer Congo-Océan ne marche pas bien, les commerçants sont bloqués parce qu'il leur est impossible d'acheminer leurs produits vers Pointe-Noire, et le matériel d'emballage manque sur le marché local notamment à Mouyondzi où la production agricole est importante. À cause du retard dans l'arrivée des produits en ville (Pointe-Noire et Brazzaville), les *bons clients* qui achètent beaucoup et à de bons prix vont s'approvisionner ailleurs. Alors les produits traînent et subissent quelquefois la mévente : *Parfois, je repars avec à la maison pour vendre le jour suivant,* dit le commerçant.

L'insuffisance des wagons de ramassage de marchandises dans les gares limite la collecte de quantités importantes par les commerçants. Beaucoup sont lassés d'expédier leurs produits dans les wagons des particuliers parce que certains produits sont périssables et nécessitent un transport rapide dans des conditions particulières. Il n'y a plus de wagon pour le transport de détail. Le train de voyageurs ne passant qu'une ou deux fois dans la semaine, les commerçants sont obligés de prendre le *train lourd*, de se percher sur les wagons ou sur les conteneurs avec les marchandises pour vite arriver ou éviter d'être en retard sur le train dans lequel ils expédient leurs marchandises.

À toutes ces péripéties s'ajoutent les difficultés liées aux activités commerciales proprement dites et au travail de la terre. Le marché est instable, aussi bien à l'approvisionnement qu'à la vente. Les commerçants alternent des périodes fastes et de mévente. Faute de mercuriale, les prix des produits varient de jour en jour, mettant les commerçants en difficulté, face à leur clientèle. L'idéal est de disposer de produits de bonne qualité et en

---

41 Depuis les troubles sociopolitiques qui ont secoué le pays, les trains de marchandises sont convoyés par l'armée et la gendarmerie. Les ex-combattants sont en fait les anciennes milices *ninjas*.

grande quantité. Concernant les produits agricoles, tout dépend de l'état dans lequel ils arrivent au point de vente, à Pointe-Noire ou à Brazzaville. Quant aux produits manufacturés, ce sont les produits alimentaires, les boissons et le pétrole lampant qui subissent ces variations à la consommation. Sans parler de pénurie, il arrive de temps à autre qu'ils deviennent rares sur le marché villageois du département de la Bouenza.

Les vendeurs à la criée et leur activité

Les vendeurs à la criée

Les vendeurs à la criée illustrent le lien immédiat entre le vivrier et le commercial qu'évoque Jean-Louis Chaléard qui pense que c'est cette association vivrier/commercial qui rapporte le plus à la journée. Cela permet de gagner de l'argent et de la nourriture[42]. Au décompte, Loudima et Bouansa qui sont de véritables gares-carrefours, ont le plus grand nombre (96,7 %) de cette catégorie de commerçants. Ailleurs, l'activité connaît une forte baisse depuis les dysfonctionnements que rencontre le Chemin de Fer Congo-Océan. Parmi ces commerçants à la criée, 60,0 % sont des femmes et 40,0 % des hommes. Leur répartition par âge montre que les moins de 10 ans représentent 3 %, les 10-15 ans16,7 %, les 15-20 ans 13,3 % et ceux qui ont plus de 20 ans 66,7%.

La répartition des commerçants à la criée selon leurs langues maternelles montre que la plupart d'entre eux sont originaires du département de la Bouenza (90 %). En tête, viennent les Kamba (33,3 %), suivis respectivement des Beembé (26,7 %), Dondo (23,3 %) et Sundi (6,7 %). Les Kamba sont les plus nombreux du fait sans doute qu'ils constituent les peuples riverains du Chemin de Fer Congo-Océan, dans le département de la Bouenza. Les autres (Manianga, Yaka, Téké) représentent ensemble 10 %. Leur faible représentation s'explique, entre autres, par le fait que leurs espaces géographiques sont relativement en retrait de la voie ferrée.

---

42 S. Brunel ; J. L. Chaléard, 2002 : *La faim, un enjeu géographique,* Dakar, Conférence prononcée à l'École Normale Supérieure, Lettres et Sciences Humaines, 6 p.

Les commerçants à la criée ont un niveau d'instruction faible. La moitié d'entre eux (51,6 %) ont le niveau de l'école primaire, 25,8 % celui du lycée tandis que 22,6 % n'ont pas été à l'école. Parmi eux, 40 % sont célibataires, 36,7 % mariés tandis que 23,3 % ont refusé de dévoiler leur statut matrimonial. La moitié de ceux que nous avons interrogés ont entre une et cinq personnes à leur charge.

La vente à la criée dans les gares ferroviaires

À la question *Quels produits vendez-vous le plus régulièrement ?*, les interlocuteurs ont donné les réponses présentées dans le tableau XXIV. Il s'agit du nombre de fois que chaque produit est cité par un vendeur. Les trois produits les plus vendus sont le pain de manioc (chikwangue), la banane et le poulet. L'arachide, l'eau glacée, le poisson de mer frit (chinchard, hareng), le pain, la tartine (pain beurré ou avec du saucisson) et les agrumes sont vendus en faible quantité.

Tableau XXIV : Répartition des produits vendus à la criée

N°	Produits vendus à la criée	Citations	%
1	Chikwangue (entier, morceaux)	10	33,3
2	Banane (dessert, plantain)	6	20,0
3	Poulet (à la sauce, frit, fumé)	5	16,7
4	Arachide (fraîche, grillée), eau glacée, poisson de mer frit	4	13,3
5	Pain (simple, beurré, avec saucisson)	3	10,0
6	Avocat, ignames, safous	2	6,7
Total		30	100 %

Source : Enquêtes personnelles, 2006

Ces produits sont vendus sous plusieurs formes. À propos du manioc, à la gare de Loudima, des voyageurs disent qu'il y a une distinction à faire entre le manioc fabriqué par les femmes autochtones et celui qui l'est par les femmes originaires du Pool. Lorsque le train entre en gare, les femmes de la Bouenza crient : *Kwanga eh ! Kwanga eh !*, celles du Pool : *Yaka eh ! Yaka eh !*

Plusieurs autres cris fusent : *Mankondi eh !*ou *Mbala eh*[43] !Il s'engage une sorte de compétition entre vendeuses, le temps que les voyageurs se penchent à la fenêtre pour demander tel ou tel produit (photo n° 11).

Un grand nombre de vendeurs à la criée (43,4 %) exercent leur activité pratiquement tous les jours de la semaine contre 33,3 % de 4 à 6 jours et 23,3 % de 1 à 3 jours (figure n° 16).

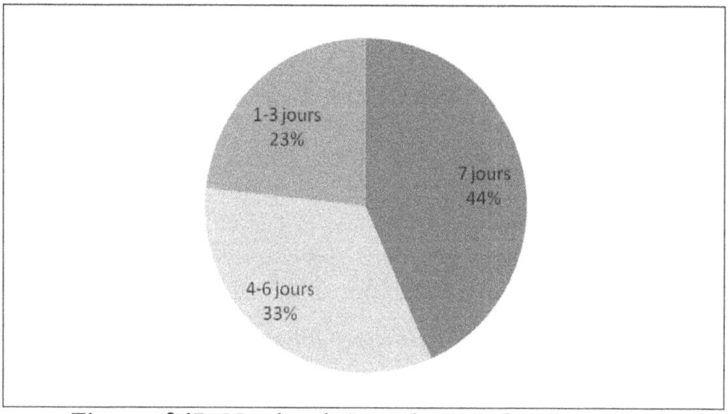

Figure n° 17 : Nombre de jours de vente dans la semaine

Ils attendent l'arrivée du train, assis ou errant dans la gare et dans ses environs. Quand le train entre en gare, avant même qu'il s'arrête, se déclenche le spectacle : des femmes, parfois enfant au dos, courent le long de la rame en criant comme dit plus haut. À l'époque où les trains circulaient régulièrement, beaucoup de vendeurs à la criée passaient leurs nuits à la gare. Les jours les plus favorables à leur activité sont samedi et dimanche (74,2 %), lundi (41,9 %), mardi (22,6 %), jeudi (25,8 %). Leur activité dépend étroitement du mouvement des trains de voyageurs notamment le *train Océan* et le *train Express*. Le *train Océan* circule de Pointe-Noire à Brazzaville : lundi, mercredi et vendredi ; de Brazzaville à Pointe-Noire : mardi, jeudi et samedi. Au sortir des troubles sociopolitiques, le train Express desservait juste le tronçon Pointe Noire-Loutété. Le train Air Pool circule sur le tronçon

[43]*Kwanga* et *Yaka :* appellation du pain de manioc en kituba, la langue nationale la plus parlée dans la partie sud du pays ; *Mankondi :* appellation de la banane en kituba ; *Mbala* : appellation de l'igname ou de la patate en kituba.

Brazzaville-Nkayi : lundi, mercredi, vendredi et Nkayi-Brazzaville : mardi, jeudi, samedi.

La quasi-totalité des commerçants à la criée (80 %) fait des recettes journalières inférieures à 5 000 F CFA. Cependant, beaucoup (30 %) avouent gagner entre 10 000 et 30 000 F CFA par semaine ; parfois, ils atteignent et dépassent 40 000 F CFA. D'autres vendeurs, discrets, refusent de dire combien leur rapporte leur activité ; ils représentent 36,7 % de notre échantillon. Au bout du compte, 46,7 % de ces commerçants amassent entre 30 000 et 150 000 F CFA sinon plus, par mois.

Les uns vendent les produits de leurs propres champs (43,3 %) tandis que les autres (46,7 %) les achètent pour les revendre. Ils s'approvisionnent, dans la plupart des cas, sur les marchés urbains où sont écoulés les produits agricoles provenant des villages environnants. Le manioc, la banane et l'arachide arrivent parfois de villages très éloignés de la gare. Les commerçants évoquent des distances de l'ordre de 15 à 40 voire 60 Km.

Les activités de substitution lorsque le train ne circule pas

Lorsque le train ne circule plus, la plupart des vendeurs à la criée s'occupent aux travaux champêtres. Les uns y vont avec leurs conjoints et les autres avec leurs parents. En effet parmi ces vendeurs, 20 % sont des enfants de moins de 15 ans. C'est pour ce faire que, du point de vue de leur niveau d'instruction, les vendeurs qui ont le niveau primaire sont les plus nombreux (51,6 %).

Dans l'exercice de leur activité, les vendeurs adoptent plusieurs attitudes. Les uns persévèrent et s'adaptent au rythme actuellement irrégulier du train. Le matin, ils vendent au marché. En fin de matinée, ils vont au champ. L'un d'eux a même dit qu'il vend du vin de palme en attendant le passage du train. Les autres se résignent à l'irrégularité du train :

> Quand le train ne passe pas, on arrête car si on prépare, le manioc ne marche pas. C'est difficile, car nous n'arrivons pas à bien vendre. Un jour, j'ai vendu pour 100 francs seulement. Je vends toujours, mais cela ne marche pas bien. Je vends, mais pas trop bien, et pour le moment je vais au champ. Nous préparons la nourriture, mais en quantité réduite.

Les principales difficultés que rencontrent les commerçants à la criée

Les commerçants à la criée rencontrent beaucoup de difficultés dans la pratique de leur activité. Le premier problème est lié au transport des produits. Il implique la distance d'une part entre le champ et le village, et entre la maison et la gare, d'autre part. Dans les deux cas, les produits sont transportés sur la tête. Les produits pèsent et les vendeurs s'en plaignent, comme le dit celui que nous avons interrogé : « Parfois, la femme de mon patron remplit l'assiette (cuvette) alors qu'elle pèse ».

La distance entre la maison d'habitation et la gare varie entre 250 et 500 mètres et, dans certains cas, elle atteint un kilomètre. Les champs sont éloignés du village, pour la plupart, de 5 Km environ. Ensuite, l'approvisionnement en produits est irrégulier ; ces produits deviennent de plus en plus rares dans les petites gares. C'est ainsi que les vendeurs des petites gares sont contraints d'aller s'approvisionner à Madingou, Nkayi ou Dolisie. La situation demeure plus difficile pour ceux qui s'associent avec leurs parents dans leur activité, comme l'évoque cette vendeuse :

> J'ai souvent des problèmes de gestion des revenus avec ma mère du fait que les champs que nous exploitons maintenant sont communs.

Il se pose aussi le problème de la rapidité dans la vente des produits lorsque le train des voyageurs s'arrête en gare. Il est difficile de marcher le long du train avec une grande quantité de produits dans les bras ou sur la tête. Plus difficile est encore le fait de descendre et soulever, plusieurs fois, le panier ou la cuvette remplis de produits comme le montrent les photos 75 et 76. Les vendeurs à la criée sont donc contraints de marcher vite pour couvrir la rame de part et d'autre, avant le départ du train qui, en fait, ne s'arrête que quelques minutes. La panique règne à l'arrivée du train. Avec l'affluence des voyageurs qui montent et descendent, la circulation est difficile le long du train. Il faut aller vite pour couvrir tout le train de part et d'autre.

Une vendeuse, dans la soixantaine, déclare : « Je ne suis plus assez forte pour ça. Il y a des cas où je ne vends rien ». Un enfant, l'air plaintif, mais loin d'être résigné, nous a dit à la gare de Loudima :

> Lors du passage du train, avec la montée et la descente des voyageurs le long du train, on se fait bousculer et parfois on me vole des bouteilles d'eau. Dans cette bousculade, je suis déjà tombé deux ou trois fois avec la cuvette d'eau.

Une fillette, poussée vers cette activité sans nul doute par des contraintes sociales, raconte :

> Comme je suis encore petite, j'ai des difficultés pour donner l'arachide aux voyageurs qui sont dans le train.

Tous les vendeurs à la criée se plaignent de la mauvaise foi de beaucoup de clients. En effet, des voyageurs malhonnêtes tergiversent pour donner l'argent aux vendeurs alors qu'ils ont déjà pris les produits. Ils perdent exprès le temps afin de les emporter sans payer. Les vendeurs accusent les militaires d'être responsables de ces comportements : « Souvent, les militaires nous prennent des produits, surtout l'arachide, sans payer» disent-ils. Il arrive aussi que les vendeurs mettent longtemps, à dessein, pour rendre la monnaie à leurs clients, jusqu'au départ du train.

La vente de nuit ajoute aux problèmes des vendeurs à la criée. L'attente des trains de nuit est pénible. Les vendeurs sont exposés au vol et, selon les moments, à la pluie et au froid Dans la plupart des cas, ils sont obligés de rester en gare tard, jusqu'a 22 heures sinon au-delà. Certains assimilent l'attente du train de nuit à la torture, en raison de la lutte perpétuelle contre le sommeil. Du reste, ce commerce entraîne des malentendus dans certains ménages comme le souligne l'une des vendeuses à la criée : « J'ai des problèmes dans mon ménage. Mon mari n'est jamais d'accord avec moi ».

En dehors de l'âpre concurrence entre eux, les vendeurs à la criée sont exposés, en permanence, à l'insécurité. Ils ont aussi le problème de la garde d'une partie de leurs produits, quand ils en ont beaucoup, au moment où ils vont vendre le long du train. En fait, ils les confient à la surveillance de certaines personnes dont ils doivent payer les services à la fin. Cela, tout compte fait, leur prend une bonne part de leurs maigres recettes. L'interruption du trafic ferroviaire met automatiquement les vendeurs à la criée dans l'inactivité. Les ventes sont mauvaises quand le train passe la nuit ou lorsque la circulation est arrêtée. Les propos de l'un d'entre eux illustrent bien leur désarroi :

> L'irrégularité des trains voyageurs ne nous permet pas de bien vendre. Quand la circulation est suspendue, la vente ne s'effectue qu'en déambulant dans toute la ville. La clientèle locale est très insignifiante pou moi.

Quand la circulation est arrêtée, ceux qui ne supportent pas la mévente préfèrent aller au champ. S'occuper aux travaux champêtres est, pour les vendeurs à la criée, une forme d'évasion face au désarroi et à la déception. Lorsque les trains restent trois jours ou une semaine sans circuler, le manioc ne se vend plus car la plupart des clients arrivent par le train. Alors, toutes les souffrances qu'endurent les vendeurs à la criée pour produire les pains de manioc : éplucher les tubercules, les transporter, les laver, faire la pâte, chercher le bois de chauffe, ne rapportent rien. Les commerçants à la criée se heurtent à bien d'autres difficultés liées à la multiplicité de papiers qu'exigent les services de police, d'hygiène et administratifs. Ils n'y comprennent rien et ne peuvent pas, en réalité, y faire face. Ils considèrent cela, tout bonnement, comme une entrave à leur activité.

Il y a une multitude de formes d'interventions dans le système de commercialisation. La forme la plus ancienne et qui se perpétue jusqu'à ce jour est celle du producteur qui est tout à la fois : transformateur, commerçant, convoyeur du produit transformé, vendeur (grossiste et détaillant). La forme qui émerge actuellement a trait à la présence des intermédiaires ambulants qui collectent les produits, les acheminent vers les grands centres de consommation où ils les livrent aux grossistes qui les vendent aux détaillants. Enfin la dernière forme est celle qui combine la collecte et la vente en gros et au détail des produits sur le marché, par le même intermédiaire.

L'acheminement des produits vers les grands centres urbains est assuré par les véhicules privés de transport en commun, de tous les types (camions, camionnettes, bus, taxis) dans la première phase. Ensuite, intervient le Chemin de Fer Congo-Océan.

Photo n° 9 : Cinq chargeurs placent un sac de cossettes de manioc dans le wagon à la gare de Nkayi. Cliché P. Moundza, 2008

Photo n° 10 : Banane et sacs de cossettes de manioc séchées, à la gare de Bouansa. Cliché P. Moundza, 2009

Photo n° 11 : Vendeurs à la criée à la gare de Madingou. Cliché P. Moundza, 2012

D'IMPORTANTES MUTATIONS SOCIALES ET CULTURELLES

Nous abordons, ici, les questions de vie quotidienne des populations du département de la Bouenza. Le Chemin de Fer Congo-Océan a introduit des modifications dans le vécu des producteurs agricoles, des commerçants et des transporteurs grâce aux revenus qu'il leur procure comme nous l'avons vu dans le chapitre précédent.

L'amélioration de la qualité de la vie dans le département de la Bouenza

Le Chemin de Fer Congo-Océan a un impact considérable sur les paysages, la vie et les activités dans le département de la Bouenza. Il apporte des modifications aussi bien en ville qu'à la campagne en termes d'amélioration de la mobilité, des conditions de vie des populations locales et d'organisation de l'espace régional. Nous avons vu plus haut que, grâce au Chemin de Fer Congo-Océan, l'activité économique est dynamique dans le département de la Bouenza. Nous voulons montrer que cette prospérité économique est accompagnée du bien-être social.

À en croire les résultats de l'enquête congolaise auprès des ménages pour l'évaluation de la pauvreté, en milieu rural, les actions prioritaires attendues du Gouvernement pour améliorer les conditions de vie des ménages sont dans l'ordre : créer des emplois (84,7 %), développer les infrastructures de transport et de déplacement (58,6 %) et faciliter l'accès aux soins et aux médicaments (50,7 %)[44]. Le développement des infrastructures de

[44] Congo, Ministère du Plan, de l'Aménagement du Territoire et de l'Intégration économique, Centre national de la statistique et des études économiques, 2006 : *Enquête congolaise auprès des ménages pour l'évaluation de la pauvreté (ECOM 2005)*, p. 102.

transport et de déplacement est donc au cœur des attentes des populations rurales. Ceci montre, à l'évidence, l'importance que revêt le Chemin de Fer Congo-Océan dans l'amélioration des conditions de vie des populations de la Bouenza.

Les avantages que procure le Chemin de Fer Congo-Océan

Nous avons construit ce texte sur la base des réponses données par les personnes que nous avons consultées. Aux usagers du Chemin de Fer Congo-Océan, nous avons posé la question suivante : *À votre avis, dans quel domaine se manifeste le plus l'importance du chemin de fer dans la Bouenza ?* Les réponses couvrent trois domaines comme le montre le tableau XXV.

Tableau XXV : Présentation des domaines d'intérêt du CFCO

N°	Domaines	Effectifs	%
1	Le transport des marchandises (produits agricoles, articles de commerce)	278	84,2
2	Le déplacement des personnes	45	13,7
3	La croissance des villes	7	2,1
Total		330	100 %

Source : Enquêtes personnelles, 2006

Le Chemin de Fer Congo-Océan n'a pas une influence directe sur l'agriculture et le commerce. La plupart des personnes que nous avons interrogées (84,2 %) considèrent que le chemin de fer agit fortement à travers le transport des marchandises. Dans les réponses, il n'est pas fait mention de l'élevage et de l'industrie qui sont aussi des activités importantes du département de la Bouenza.

Les avantages apportés par le Chemin de Fer Congo-Océan sont nombreux. Il ressort que, grâce au chemin de fer, on se déplace d'une gare à une autre ; on communique facilement avec les grandes villes comme Pointe-Noire, Dolisie et Brazzaville. Pour ceux qui exercent une activité commerciale, le CFCO revêt une importante capitale dans le ravitaillement en produits manufacturés de première nécessité à Pointe-Noire et à Brazzaville, mais aussi dans l'évacuation des produits agricoles. Certains usagers déclarent :

> Sur le plan humain, on peut parler des déplacements et, sur le plan purement économique, les paysans ont cette facilité de vendre aux passagers leurs produits. Ils peuvent aussi les évacuer. Si le chemin de fer fonctionne, on peut se déplacer, vendre et acheter.

Bon nombre d'usagers estiment même que le chemin de fer est le moyen de transport le moins coûteux dans leur pays et où les places ne sont pas limitées. Grâce à celui-ci, le contact est permanent avec les grands centres urbains. Les paysans estiment que c'est par l'action heureuse du chemin de fer que les commerçants viennent acheter leurs produits agricoles. Il sert de renforcement des liens sociaux entre les familles urbaines et villageoises comme le dit l'un de nos interlocuteurs : *il permet à mes enfants qui sont à Pointe-Noire de venir me voir assez souvent et de me soutenir matériellement.* Même les plus jeunes le pensent et le déclarent : *pendant les vacances, je vais à Pointe-Noire.* Un autre conclut : *le Chemin de Fer Congo-Océan me permet de voyager assez souvent.* Diverses déclarations témoignent des bienfaits que le Chemin de Fer Congo-Océan procure aux populations de la Bouenza :

> Par le train, je voyage à Pointe-Noire. Mes parents achètent la bonne nourriture et aussi de bons habits. Il nous donne la possibilité de manger et de nous vêtir, selon nos moyens, comme en ville et de nous soigner par l'apport en médicaments.

D'après leurs dires, le Chemin de Fer Congo-Océan apporte aux paysans du matériel moderne à des prix accessibles à *leur bourse.* Ainsi, il les aide à se procurer de l'argent par la vente des produits de leur champ. En tout cas, tous reconnaissent que leurs activités économiques prospèrent grâce au chemin de fer comme le montrent les citations ci-dessous :

- grâce au CFCO, je vends mes fruits et les produits agricoles de mon épouse. Je fais mon commerce et j'arrive à résoudre mes problèmes ;
- c'est le CFCO qui fait fonctionner ma savonnerie traditionnelle et mon kiosque ;
- il me permet de faire mon commerce et de me ravitailler à moindres coûts en produits de première

nécessité sur le plan de l'alimentation, de la santé et de l'équipement.

Les usagers reconnaissent que, malgré les prix plus ou moins faibles, la vente de leurs produits génère des revenus bien appréciables. Au cours de nos entretiens, un élève, pour dire combien le Chemin de Fer Congo-Océan joue un rôle important, a déclaré que grâce au CFCO les commerçants viennent acheter les produits agricoles de ses parents. Cela lui permet de suivre sa scolarité convenablement et de bien vivre.

À la suite de toutes ces déclarations, la figure n° 17 montre que le Chemin de Fer Congo-Océan apporte de la satisfaction à ses usagers.

En effet, le sentiment de satisfaction est très fort : 65 % s'estiment satisfaits, 23 % très satisfaits desdits avantages. Les personnes non satisfaites ne représentent que 6 %.

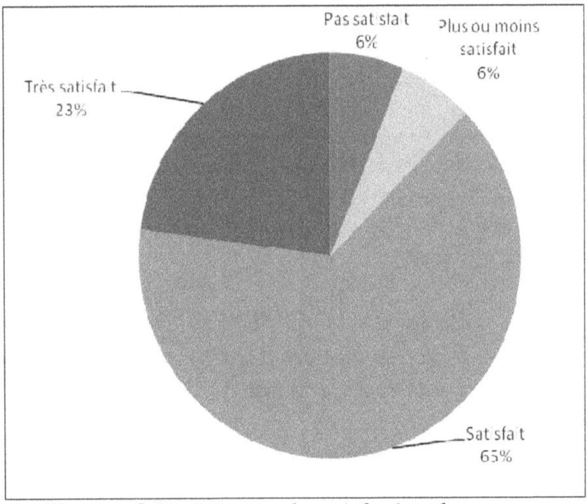

Figure n° 18 : Niveaux de satisfaction des usagers du Chemin de Fer Congo-Océan

Par ailleurs, les usagers du chemin de fer recherchent l'amélioration des conditions de transport et la sécurité des voyageurs. Selon eux, la multiplication des trains de voyageurs améliorerait les conditions de voyage. Leur souhait est de rétablir la régularité des trains d'avant les troubles sociopolitiques de 1997.

En effet, autrefois, à part les trains de marchandises, il circulait trois trains de voyageurs (Train Voyageurs Omnibus, Train Express, Train Rapide Océan) par jour dans l'un et l'autre sens, entre Brazzaville et Pointe-Noire. L'amélioration des conditions de voyage et de transport et aussi la remise en circulation de tous les trains rendraient les voyages moins pénibles. Certains croient que, plus les trains circuleront, plus le nombre de commerçants augmentera et les produits agricoles seront vendus à des prix satisfaisants. Si les trains circulent régulièrement, ils apporteront beaucoup de marchandises dans le département. Les commerçants détaillants seront nombreux et achèteront beaucoup ; alors les prix des produits manufacturés baisseront ; les populations se ravitailleront facilement sur les marchés locaux. Par ailleurs, les usagers souhaitent la diminution des tarifs de voyage et de transport des marchandises. Ceux-ci devraient être ramenés au niveau de ceux d'avant-guerre. Tout ceci fera que le Chemin de Fer Congo-Océan retrouvera le niveau de fonctionnement et la qualité de service d'avant-guerre. Les populations imaginent même qu'avec cela les gares ferroviaires dont la plus citée est Bouansa reprendront *leur ambiance des grands jours* et, probablement, les paysans s'en réjouiront.

Les biens acquis et les réalisations faites

Les activités commerciales et de transport ont permis aux acteurs économiques du département de la Bouenza d'amasser de l'argent. Avec leur fortune, ils ont acquis des biens matériels et fait des réalisations qui constituent des signes de leur enrichissement grâce au Chemin de Fer Congo-Océan. Pour appréhender les bienfaits de cette infrastructure dans le département de la Bouenza, nous avons observé les biens acquis, les réalisations et les projets divers des populations et des usagers issus des revenus que génère le Chemin de Fer Congo-Océan. Nous avons repris, dans notre analyse, les listes des réalisations faites et des biens acquis énumérés par les personnes que nous avons consultées. Nous avons ensuite sérié tout ceci en quatre rubriques : les biens immobiliers, les biens économiques, les obligations sociales, les équipements ménagers et l'habillement.

Pour les transporteurs, la première des préoccupations est l'achat de véhicules en plus de ceux qu'ils possèdent. L'un d'entre eux veut *acheter un véhicule gros porteur pour affronter la réalité actuelle du mauvais état des routes.* Un autre compte repartir à Brazzaville avec un peu plus de moyens financiers pour acheter une autre voiture et en faire un taxi. Un autre transporteur pense qu'un véhicule de transport lui ferait un grand bien. Quelques-uns réfléchissent à la solution aux problèmes actuels de fonctionnement que connaît le Chemin de Fer Congo-Océan (insuffisance de rames et de locomotives). L'un d'eux envisage l'acquisition d'un gros véhicule pour faire la route Bouenza-Pointe-Noire et décongestionner ainsi son wagon. Certains veulent avoir plus de matériel de transport pour satisfaire au mieux leur clientèle notamment en baissant les tarifs pratiqués. Il y en a qui se battent pour disposer d'un véhicule de transport personnel afin d'être indépendants des autres transporteurs et d'exercer plus librement leur activité. La camionnette Mazda est vendue à 6 millions de F CFA à Pointe-Noire, auxquels s'ajoutent 600 000 F CFA de frais de douanes. Cela est à leur portée, disent bon nombre de commerçants. Certains nourrissent des ambitions bien claires :

> La paix s'étant installée progressivement, je dois évoluer dans les affaires, acheter d'autres camions, avoir au moins cinq véhicules, former une petite entreprise de transport et embaucher les jeunes.

Quelques transporteurs consignent des wagons sur le chemin de fer. Ainsi, les wagons affectés à des particuliers représentent 29,27 % du nombre de wagons de transport des marchandises du Chemin de Fer Congo-Océan. Il apparaît ainsi sur certains wagons des écrits tels que : *Wagon loué, Ets El Kombo* ou *Location particulière.*

Avec la privatisation du Chemin de Fer Congo-Océan, une fois la circulation améliorée, ces transporteurs envisagent de consigner d'autres wagons. Cela leur permettrait d'exploiter à la fois les deux axes (Pointe-Noire et Brazzaville). Plus ambitieux encore, l'un d'eux a acquis un wagon frigorifique pour alimenter sa chambre froide, à Loudima, en produits congelés en provenance de Pointe-Noire.

Les paysans producteurs ont, grâce à la vente de leurs produits favorisée par le Chemin de Fer Congo-Océan, acquis des biens divers et pu faire face à certaines obligations sociales. En premier lieu, 29,4 % de paysans sont préoccupés par l'acquisition de l'équipement ménager notamment la radiocassette et les ustensiles de cuisine. Viennent ensuite dans des proportions respectives de 20,6 %, les biens immobiliers (parcelles, maisons) et les biens économiques. Les paysans producteurs achètent des parcelles et construisent des maisons dans les agglomérations ferroviaires dont Nkayi, Madingou, Bouansa et Pointe-Noire, la capitale économique du pays.

Sur le plan économique, les paysans producteurs portent particulièrement leur attention sur le financement des travaux champêtres. En cela, pour régler le problème de transport entre le village et les champs, en tout cas, tous les ménages ruraux possèdent au moins une brouette. Pour diversifier leurs activités, ils investissent dans le secteur non agricole notamment dans le commerce, l'élevage bovin et la pêche. L'un d'entre eux dit avoir acheté une pirogue grâce aux revenus agricoles, pour pratiquer la pêche, comme deuxième activité, sur le fleuve Niari qui traverse le département de la Bouenza de part en part. Par ailleurs, l'élevage bovin est devenu, par son ampleur dans le milieu rural du département de la Bouenza, d'après nos interlocuteurs, un indicateur de richesse. Selon les paysans, on ne peut pas s'estimer riche si on ne possède pas un troupeau bovin.

Les obligations sociales (17,6 %) auxquelles les paysans font face concernent particulièrement la scolarisation de leurs enfants. Soucieux de l'avenir de leur progéniture, les paysans du département de la Bouenza n'hésitent pas à envoyer leurs enfants poursuivre leurs études secondaires à Pointe-Noire ou à Brazzaville et à en supporter les frais (location du logement, déplacements, alimentation, écolage...). La dernière préoccupation des paysans, d'après nos enquêtes, porte sur l'habillement (11,8 %).

Pour connaître la satisfaction qu'ils tirent de leurs activités, nous avons posé la question suivante à nos interlocuteurs : *Pensez-vous que vos activités vous font du bien ?* Un grand nombre (70 %) pensent que leurs activités répondent à leurs besoins et les autres (30 %) avouent même qu'elles leur font *beaucoup de bien*. En fait, subtilement, ils reconnaissent, tous, les bienfaits de leurs activités soutenues par le Chemin de Fer Congo-Océan. Pour preuve, ils désirent avoir beaucoup d'argent et mûrissent beaucoup d'idées de projets parmi lesquels :

- utiliser les groupements dans les travaux champêtres ou louer les services des tracteurs agricoles afin d'avoir de grands champs et d'augmenter leur production ;
- diversifier et augmenter la production agricole pour aller vendre eux-mêmes sur le marché urbain et être en activité en permanence toute l'année ;
- louer un wagon de transport des produits agricoles.

Les commerçants et les vendeurs à la criée se réjouissent des bienfaits du Chemin de Fer Congo-Océan. Pour nous en convaincre, nous leur avons posé la question suivante : *Quels sont les biens que vous avez déjà acquis ou les réalisations faites grâce à votre activité ?* Des réponses, il ressort que les rubriques les plus importantes concernent les biens économiques (39,1 %), les biens immobiliers et l'équipement ménager avec respectivement 21,8 %.

Sur le plan économique, le financement des activités agricoles (travaux champêtres) est de loin le plus cité. Pour la majorité, elles sont pratiquées dans le département de la Bouenza même. Mais il est apparu dans nos enquêtes qu'il y a des personnes qui entreprennent des travaux champêtres sur la route du nord (plateaux de Mbé) avec des fonds issus des activités agricoles dans le département de la Bouenza. Le produit des activités agricoles génère bien d'autres activités ou permet l'acquisition de certains équipements à finalité commerciale : dépôt de vente des produits agricoles, élevage bovin ou caprin, *au pays*, ouverture d'un autre magasin à Pointe-Noire ou d'une buvette à Brazzaville, création d'un comptoir de vente de friperies, d'un dépôt de boisson à Nkayi, installation d'une petite alimentation, d'un kiosque de médicaments, d'un mini-hôtel, d'un vidéo-club à Loutété, achat d'une camionnette de marque Toyota pour assurer le transport entre Loutété et Mfouati, d'une motopompe, d'une tronçonneuse, d'une scie à moteur, d'un groupe électrogène, d'une plaque solaire ou d'un frigo.

À propos de l'esprit d'entreprise, le centre national de la statistique rapporte dans son annuaire de l'année 2009 que dans le domaine des hôtels, des transports, des commerces et de l'agriculture 150 entreprises ont été créées entre 2005 à 2009 dans le département de la Bouenza.

En ce qui concerne l'acquisition des biens immobiliers, l'achat d'une parcelle à Brazzaville, Pointe-Noire, Loutété ou Kingoué, la construction d'une case moderne au pays et l'achat de meubles constituent une préoccupation majeure. En plus de la maison construite ou à construire en ville, la plupart des personnes consultées possèdent déjà des maisons dans leurs villages. Ceux qui ont ou désirent avoir au moins deux parcelles en ville les partagent entre les enfants et la famille. La maison, le mobilier et l'électroménager rendent visible la fortune des uns et des autres au village. Parmi les appareils électroménagers, la radiocassette, le poste téléviseur et les ustensiles de cuisine sont les indicateurs de richesse les plus exhibés par les paysans producteurs et les commerçants du département de la Bouenza.

Sur le plan social, beaucoup évoquent le financement de la scolarisation de leurs enfants, des voyages de leurs frères en France et les mariages. Par ailleurs, c'est avec beaucoup de fierté que certains disent posséder autant d'habits, sinon plus, que les fonctionnaires grâce à l'argent produit par leurs activités. Sur la base des citations des commerçants, le département de la Bouenza abrite 53,5 % de réalisations dont 32,4 % dans les localités situées le long du chemin de fer notamment Nkayi et Loutété et 21,1 % dans les localités de l'intérieur du département à savoir Mouyondzi, Mfouati et Kingoué. En dehors du département, Brazzaville et Pointe-Noire abritent respectivement 33,2 % et 13,3 % des réalisations faites par les commerçants actifs dans le département de la Bouenza. Près de la moitié des commerçants (48 %) est constituée des personnes qui comptent trois réalisations. Il convient ici d'évoquer le cas exceptionnel d'une femme commerçante qui totalise plus de réalisations que les autres. En effet, avec les revenus de son commerce, elle a acheté une bicyclette dite *vélo-pédalé,* à son mari, construit une case moderne, financé ses travaux champêtres, acquis un équipement de ménage dont une radiocassette. Elle achète régulièrement des habits pour toute sa maisonnée et assure la scolarisation de leurs enfants. Tous reconnaissent que leurs activités leur font du bien, sinon beaucoup de bien. En effet, à la question : *pensez-vous que vos activités vous font du bien ?* la quasi-totalité des transporteurs (94,4 %) et des commerçants (95,7 %) penche pour l'affirmative.

Les projets des commerçants concernent des domaines bien divers allant du concret au rêve. De tous les projets, le plus cité est la consignation d'un wagon pour *devenir un grand ravitailleur des grandes villes (Pointe-Noire et Brazzaville) en produits agricoles.* Beaucoup préfèrent *disposer d'un wagon propre pour éviter la rupture de certains produits dans leur magasin et étendre l'activité avec l'ouverture d'une chambre froide*. Parmi eux, ceux qui réquisitionnent des wagons veulent en avoir encore afin de renforcer leurs activités. Par exemple, l'un d'entre eux veut *consigner un autre wagon pour transporter la boisson en vue de l'ouverture d'un autre dépôt à Dolisie*. Beaucoup de commerçants ne possédant pas de wagon s'activent pour en avoir : *je souhaite être « propriétaire » d'un wagon parce que la location chez des tiers est difficile*. Un autre pense *lancer un véhicule de transport pour faciliter la sortie des produits des champs ou des villages d'achat vers la gare d'évacuation*. Ainsi, dit-il : *j'espère ouvrir une chambre froide à Loutété*. Au fond, son ambition est d'assurer la collecte, la commercialisation et l'entreposage des produits agricoles à la gare de Loutété car son intension est de *produire plus pour aller vendre en ville*. Dans le même esprit, cet autre commerçant tient à *avoir un gros congélateur et une grosse plaque solaire pour développer la vente du poisson frais et de la boisson fraîche*. La plaque solaire est, dans les conditions actuelles, soit dit en passant, un équipement très rare en milieu rural congolais. Pour diversifier les activités et les lieux d'investissement, quelques-uns envisagent d'ouvrir, qui un dépôt de planches à Nkayi et à Pointe-Noire, qui, une petite alimentation au village (à Kolo dans le district de Mouyondzi) « « *de sorte à ne pas toujours revenir avec seulement l'argent ; cela nous profitera* ». Ceux dont les revenus ne permettent pas de faire d'autres investissements comptent sur d'autres appuis comme cette femme d'un âge avancé, fatiguée à la fois par les voyages et le travail des champs : *Nous allons, avec l'aide des enfants qui travaillent à Pointe-Noire, ouvrir un petit magasin d'alimentation que nous gérerons mon mari et moi*.

Les moins nantis attendent d'économiser suffisamment d'argent pour intensifier leur commerce, augmenter les quantités, financer les travaux champêtres puis être commerçant transporteur comme les autres (Chardon, Béranger) ou bien s'étendre à d'autres activités comme l'élevage bovin ou l'agriculture motorisée.

Les derniers restent évasifs dans leurs déclarations : « *Les idées viendront avec la prospérité du commerce, par exemple : l'achat d'une parcelle, la construction d'une maison* ». Ils attendent de *trouver des activités sûres qui pourraient les mettre à l'abri de la pauvreté, quand ils arrêteront avec le trafic ferroviaire* ou de *consolider d'autres activités afin d'arrêter avec le trafic ferroviaire qu'ils jugent trop risqué*. Mais pour certains, il y a une manière particulière d'arrêter leur activité ou de montrer qu'ils ont réussi : *je me prépare pour aller en Europe ou en Amérique. Je dois partir à l'étranger car le pays est trop malade. C'est pour cela que j'ai abandonné mon métier de policier. Mais avant de partir, je compte laisser au moins une parcelle construite. J'irai à l'étranger pour acheter des produits et venir vendre sur place.*

La chose certaine c'est que les uns travaillent à l'extension de leurs activités et les autres à leur diversification aussi bien en termes de secteurs (transport, commerce, agriculture, élevage ...) que de lieux d'investissement (village, villes ferroviaires, Pointe-Noire, Brazzaville). Dans les marchés urbains du département de la Bouenza, sont vendus divers produits alimentaires et vestimentaires en provenance surtout de Pointe-Noire. Ici viennent se ravitailler non seulement les populations urbaines mais aussi celles des campagnes environnantes.

Aux vendeurs à la criée, nous avons posé la question suivante : *Quels sont les biens que vous avez déjà acquis ou les réalisations faites grâce à votre activité ?* Il apparaît que l'habillement (28,8 %), les obligations sociales (25,4 %) et l'acquisition de l'équipement ménager (23,7 %) constituent les premiers soucis des commerçants à la criée. En fait, les vendeurs à la criée sont portés vers ce qui est voyant et ostentatoire.

Perception globale des bienfaits du Chemin de Fer Congo-Océan

Les réponses à la question : *pensez-vous que vos activités vous font du bien ?*, étalent différentes opinions sur les bienfaits du Chemin de Fer Congo-Océan. Plus du quart des acteurs économiques (33,3 %) éprouvent un sentiment formel de satisfaction des bienfaits du Chemin de Fer Congo-Océan et 64,9 % disent que leurs activités leur font un peu de bien. En réalité, le second avis est, en fait, biaisé et teinté d'esprit de discrétion et de méfiance qui les pousse à cacher le niveau réel de leurs revenus.

Ce sont les commerçants (43,5 %) et les vendeurs à la criée (43,3 %) qui expriment le plus de satisfaction. Aussi sommes-nous amené à dire que cette infrastructure contribue à la lutte contre la pauvreté rurale décrite dans le document stratégique de réduction de la pauvreté (DSRP). Pour réduire le niveau de pauvreté rurale, l'objectif principal de ce document est de créer un environnement propice au développement durable du milieu rural qui permet d'assurer le bien-être des populations. Dans cette perspective, les stratégies envisagées portent sur la revitalisation du tissu villageois, l'amélioration de la qualité de la vie, la création d'un environnement favorable à la création de l'entreprise et la valorisation des potentialités économiques et des ressources humaines, l'amélioration des circuits de commercialisation et de distribution des produits et la promotion de la dynamique communautaire. Concrètement, il s'agit d'aménager et de réhabiliter les réseaux de desserte, des équipements de conservation et de stockage, et d'appuyer les initiatives des communautés à la base[45].

La synthèse des réalisations par groupes de personnes fait voir que l'acquisition des biens économiques (25,3 %) et celle des équipements électroménagers (24,1 %) préoccupent sérieusement les uns et les autres. Les résultats de nos enquêtes approchent les conclusions de l'enquête congolaise auprès des ménages pour l'évaluation de la pauvreté concernant les biens indispensables pour le confort du ménage et les moyens de déplacement. En effet, cette étude constate que 50,8 % des ménages en milieu rural disposent d'un poste récepteur ou radio, 90,5 % d'un lit ou d'un matelas et 10,9 % d'une bicyclette[46].

A partir des projets et des désirs, les aspirations des acteurs économiques opérant dans le département de la Bouenza, apparaissent en trois groupes. En effet, devenir un grand commerçant (43,70 %), agir pour le développement local (40,60 %) et l'aspiration au bien-être et à la solidarité familiale (15,70 %) sont des représentations qui s'entremêlent dans l'univers mental des acteurs économiques du département de la Bouenza (figure n° 18). En fait, la première induit les deux autres.

---

[45] Congo, Comité national de lutte contre la pauvreté, 2007 : *Document de stratégie de réduction de la pauvreté*, Brazzaville, 137 p.

[46]Congo, Ministère du plan, de l'aménagement du territoire et de l'intégration économique, Centre national de la statistique et des études économiques, 2006 : *Enquête congolaise auprès des ménages pour l'évaluation de la pauvreté (ECOM 2005). Profil de la pauvreté au Congo en 2005. Rapport final d'analyse,* Brazzaville, p. 83-84.

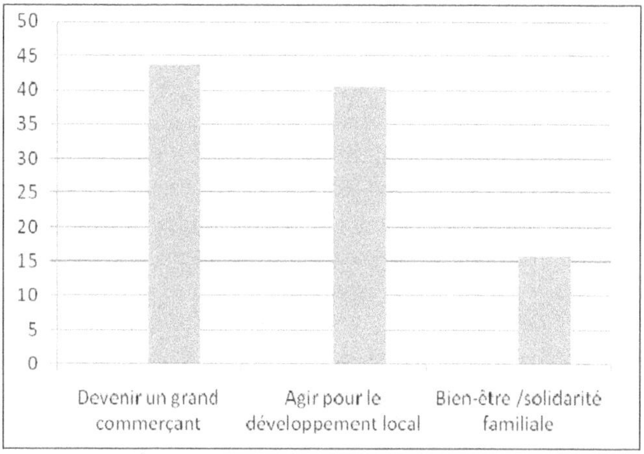

Figure n° 19 : Aspirations des acteurs économiques

- *Devenir un grand commerçant* ne fait pas ici allusion à l'acquisition ou l'application des théories économiques, moins encore des techniques de traitement des informations ayant trait à l'argent c'est-à-dire la comptabilité, le marketing, le management et le contrôle de gestion. Il ne s'agit nullement de l'acquisition des connaissances qui aident à préparer une « affaire » ou à identifier ce qui est rentable et ce qui ne l'est pas. C'est de manière intuitive et empirique que le producteur ou le marchand exerce son activité. Il possède, achète, vend ou échange des produits en tirant une partie importante de sa richesse économique de cette activité. A partir de sa richesse financière et matérielle, il acquiert une certaine notoriété ; il assure celle de sa famille, de sa tribu, de son village et de sa contrée. Ainsi lorsqu'on reconnaît un tel comme le plus grand commerçant de tel village, de telle tribu ou de tel district, cela produit une fierté indescriptible et suscite de l'admiration des uns et des autres. Dans le fond, il s'agit de personnes qui ont rassemblé suffisamment d'argent et qui sont capables d'acheter des véhicules, de louer ou consigner un wagon afin de vendre elles-mêmes leurs produits en ville ;

- *Agir pour le développement local* concerne la création d'un groupement coopératif, le financement des travaux agricoles ou l'ouverture d'une boutique ou d'une buvette au village. Certains évoquent l'achat d'une scie à moteur pour s'occuper au sciage artisanal des planches de bois. D'autres s'attachent à moderniser leurs petites unités de fabrication artisanale de savon pour se faire quelques revenus non agricoles et créer de petits emplois pour les jeunes. Cette idée anime ceux qui désirent avoir des travailleurs agricoles et initier les élèves aux travaux agricoles.

- *L'aspiration au bien-être et à la solidarité familiale* porte sur l'achat de parcelles de terrain ou d'un vélomoteur. Les autres, pour perpétuer l'esprit de famille, s'associent avec des parents (une manière de les aider) pour entreprendre des activités économiques. Certains autres organisent des mariages coutumiers pompeux et onéreux pour exhiber leur fortune.

La mobilité des populations favorisée par le Chemin de Fer Congo-Océan

S'agissant de la mobilité des populations, nous avons posé la question suivante : Combien de fois voyagez-vous par train dans l'année ? Au début, nous avons voulu prendre l'information par semaine et par mois mais nos interlocuteurs ont plutôt choisi de considérer toute l'année, du fait qu'ils ne sont pas soumis à un calendrier rigoureux dans la gestion de leurs déplacements. Du tableau XXVI, il ressort que le Chemin de Fer Congo-Océan favorise la mobilité des populations de la Bouenza. Parmi ceux que nous avons consultés, chacun voyage par train au moins une fois par an. Les plus nombreux (34,6 %) entreprennent 6 voyages ou plus c'est-à-dire un voyage tous les deux mois. L'un d'entre eux le fait chaque mois.

Tableau XXVI : Répartition des usagers selon le nombre de voyages par an

N°	Nombre de voyages	Effectifs	Pourcentage
1	1	104	31,5
2	2 à 4	75	22,7
3	4 à 6	37	11,2
4	Plus de 6	114	34,6
Total		330	100 %

Source : Enquêtes personnelles, 2006

Dans leurs déplacements par train, les usagers du Chemin de Fer Congo-Océan ont trois destinations, à en croire les réponses à la question de savoir : *Où allez-vous le plus souvent ?* La première destination, de loin la plus importante, est Pointe-Noire (65,3 %), suivie de Brazzaville (30 %). Les déplacements par train vers les autres départements du pays représentent à peine 4,7 %. Ils concernent essentiellement le Niari. En fait, ceux-ci sont induits par le fait que les voyageurs vont nombreux vers Dolisie, chef-lieu du département du Niari, qui dispose d'un aéroport plus fonctionnel et mieux desservi que celui de Nkayi, d'où ils prennent l'avion pour Brazzaville. Les déplacements à l'intérieur du département se font très peu par train, sinon occasionnellement. Depuis que le train ne fonctionne plus bien, les déplacements entre gares se font plus par la route que par la voie ferrée.

Les chefs de gares déclarent qu'« il n'y a plus de voyageurs pour les gares environnantes ». Les populations utilisent plutôt les transports routiers notamment les bus, camionnettes et taxis collectifs. L'avis des agents des gares du Chemin de Fer Congo-Océan sur la destination des voyageurs embarqués dans les gares du département de la Bouenza[47] corrobore l'opinion des usagers du Chemin de Fer Congo-Océan. En effet, d'après eux, Pointe-Noire est, de loin, la première destination des voyageurs partant du département de la Bouenza (52,5 %). Brazzaville vient après (30 %), suivie de Dolisie (17,5 %). La destination locale pour laquelle la

[47]Nous avons calculé suivant un mode de classement par pointage discriminatoire. Cela donne 4, 3, 2 et 1 points selon l'ordre décroissant dans lequel sont citées les destinations.

population emprunte le train, de temps à autre, est Nkayi, la métropole du département.

Pour apprécier la qualité des services rendus par le Chemin de Fer Congo-Océan, nous avons posé la question suivante aux voyageurs : *Comment trouvez-vous les conditions de voyage par train ?* Le voyage par train est une rude épreuve : 87 % des usagers disent qu'il est pénible ; 13 % pensent même qu'il est infernal et inhumain. Certains voyageurs disent qu'à cause de la pénurie des trains « les gens voyagent dans des conditions difficiles comme des bestioles ; c'est un enfer total ». Rarement, on trouve des wagons peu bondés. Le voyage par train est difficile parce que le train est irrégulier et toujours saturé. Souvent, on ne trouve pas de place assise à partir de Bouansa.

Cette saturation empêche les contrôleurs et les inspecteurs de train de faire convenablement leur travail sur tous ceux qui voyagent clandestinement.

Dans le cadre de cette étude, nous nous sommes entretenu avec les agents du Chemin de Fer Congo-Océan, dans les gares de Nkayi, Madingou, Bouansa et Loutété. Ils sont des témoins privilégiés de tous les changements qui s'opèrent sur cet espace. Leur âge varie entre 30 et 40 ans. Près des 3/4 soit 71,4 % d'entre eux sont mariés tandis que 28,6 % sont célibataires ; 85 % d'entre eux travaillent dans le département depuis cinq ou dix ans. À leur avis, parmi les problèmes les plus graves qui se posent au chemin de fer dans le département de la Bouenza, la vétusté et l'insuffisance du matériel, le manque de wagons et la mise en circulation des trains-blocs constituent le premier problème du chemin de fer dans le département de la Bouenza. Il compte pour 56,25 % des avis. En réalité, ce problème se pose dans toutes les gares du Chemin de Fer Congo-Océan, et peut-être avec plus d'acuité dans le département de la Bouenza. Les wagons ne sont jamais fournis aux clients à temps. Certains agents du CFCO pensent même que, depuis la fin des événements sociopolitiques de 1997-1998 et la reprise des activités en 2000, certaines gares de la Bouenza n'ont plus jamais de wagons détail. Les personnels du Chemin de Fer Congo-Océan font une appréciation sévère des services à la clientèle et de la manière dont est géré le matériel de leur entreprise. Les wagons sont cédés aux particuliers de façon anarchique. On les donne souvent à ceux qui n'ont jamais assez de marchandises alors que ceux qui en ont attendent pendant au moins deux semaines. Les wagons viennent déjà attribués aux individus alors qu'ils arrivent sous couvert de la gare. L'orientation du matériel n'est donc pas respectée. Le matériel est octroyé aux particuliers sans tenir compte de la réalité sur le terrain.

Le transport en direction de Brazzaville est faible, par manque de wagons détail. À leur avis, le désordre est créé par les responsables de l'entreprise depuis Pointe-Noire et Brazzaville. La ligne Madingou-Pointe-Noire marche bien, mais Madingou-Brazzaville est insuffisamment exploitée à cause de l'insécurité persistante due aux exactions causées par les militaires. En plus, à Brazzaville, les wagons attendent beaucoup plus de temps avant de repartir.

Toutefois, ils estiment aussi que l'inconscience des travailleurs et la mauvaise gestion de la structure par lesdits travailleurs (37,5 %), d'une part et l'insuffisance du personnel (18,75 %), le mauvais traitement des travailleurs (12,5 %) et les troubles sociopolitiques (6,25 %), d'autre part sont largement responsables de la mauvaise qualité des services du Chemin de Fer Congo-Océan. Ils font état de ce que les clients sont obligés de leur verser des dessous-de-table pour pallier la négligence ou la nonchalance des agents dans le service. Il n'y a plus de motivation au travail. Les militaires qui sont soit dans les trains, soit en fonction à la gare les empêchent de faire le travail de contrôle des marchandises.

Ils attribuent tout ceci à la direction générale du Chemin de Fer Congo-Océan qui, à leur avis, favorise plus les trains directs (trains-blocs) de Pointe-Noire à Brazzaville que les trains à wagons détail. Ils lui reprochent aussi la mauvaise gestion du matériel due à la cupidité de certains responsables qui privilégient leurs relations et leurs combines personnelles, au détriment des performances de l'entreprise. Au bout du compte, ils rendent inefficace le contrôle sur l'exploitation du trafic ferroviaire. Pour résoudre ces problèmes, ils suggèrent la responsabilisation des chefs de gare dans la gestion des wagons destinés à desservir leurs gares, l'amélioration du traitement salarial des travailleurs et le recrutement du personnel.

Le Chemin de Fer Congo-Océan et le département de la Bouenza : enjeu économique et social ?

Les paysans produisent à la fois pour se nourrir et vendre. Ils s'efforcent en même temps d'améliorer durablement la production et leurs conditions de vie. De nouveaux rapports s'établissent entre acteurs, incitant les pouvoirs publics à rechercher de nouvelles politiques de développement rural. Comme le dit Pierre Vennetier :

> La demande du marché urbain, qui ne cesse de croître, permet aux villageois de tirer un meilleur profit des ressources offertes par le milieu rural : produits alimentaires, boissons, combustibles, sable, terre ... leur assurent des rentrées d'argent et les ancrent dans l'économie monétaire. Ils deviennent eux-mêmes consommateurs de produits venus de la ville (vivres, matériaux de construction, biens de consommation, etc.)[48]

Par ailleurs, les initiatives pour mécaniser les opérations culturales, améliorer la productivité du travail et augmenter la production fleurissent dans le département de la Bouenza. Le tracteur est devenu l'outil indispensable pour réussir le passage d'une agriculture de subsistance à une agriculture moderne et commerciale. Les initiatives relatives aux exploitations familiales se multiplient. De nouveaux acteurs (commerçants, fonctionnaires, ministres, députés ou sociétés) investissent dans la terre et son exploitation. Ceci porte à croire qu'il s'installe un embryon d'agro-business. C'est assurément le moment de réfléchir sur l'établissement d'un plan d'action dans le domaine de la mécanisation et de la motorisation de l'agriculture dans le département de la Bouenza en passant par un état des lieux du dispositif existant c'est-à-dire un inventaire du parc d'équipements agricoles et de ses utilisateurs.

L'exploitation du manioc favorise aussi le retour des jeunes diplômés sans emploi et des retraités dans les campagnes. L'exploitation du manioc est donc ici un facteur de repeuplement des campagnes. Le manioc est vendu toute l'année. Il devient une denrée commerciale de prédilection depuis deux ans. La production sans cesse croissante permet à tout paysan d'en faire une source régulière de revenus monétaires et lui permet de satisfaire ses besoins primordiaux de santé, d'alimentation et d'équipement. Désormais, elle conditionne et détermine le niveau social du monde rural dans la Bouenza. En fonction de la capacité de production du manioc, on distingue trois catégories d'exploitants de manioc :

---

[48] P. Vennetier, 1989 : « Évolution des espaces périurbains à Brazzaville (Congo) et Cotonou (Bénin) ». *In : La périurbanisation dans les pays tropicaux*. Bordeaux, CEGET, pp. 113-158.

- *les « grands exploitants » :* Ils regroupent 15 % des exploitants agricoles. Ce sont les exploitants du manioc à grande échelle (producteurs, commerçants et transporteurs possédant des champs de 5 à 20 ha). À partir de l'exploitation du manioc, ils créent d'autres activités à la campagne ou en ville : débit de boissons, transport de voyageurs et de marchandises, scierie artisanale, vente de produits pharmaceutiques, construction de maisons à louer. Pour ces exploitants, la vente du manioc les satisfait pleinement.
- *les exploitants moyens :* Ils représentent 22 % des producteurs avec des champs de 1 à 5 ha. Ce sont ceux qui, au-delà des préoccupations de première nécessité, sont à même d'améliorer leur vie sociale : acquisition de biens matériels et d'équipement (bicyclette, appareils électroménagers à usage domestique, radiocassette, parcelle dans le département ou ailleurs, bonne alimentation). Ceux-ci aspirent à une production importante, donc à devenir de riches exploitants agricoles ;
- *les petits exploitants :* Ils sont nombreux (63,0 %) mais peu actifs dans la production du manioc. Leurs champs sont de l'ordre de 0,25 à 1 ha. Leur production leur permet juste de subvenir aux préoccupations de première nécessité (nourriture, vêtement et équipement primaire).

En milieu urbain, les produits de manioc du département de la Bouenza sont essentiellement écoulés vers Pointe-Noire. On remarque que le manioc reste, à Pointe-Noire, le produit local le plus en vue. Il focalise l'activité du Chemin de Fer Congo-Océan dans les gares de Bouansa dans le département de la Bouenza et de Tiétié à Pointe-Noire. La gare de Bouansa est la plus active de tout l'hinterland grâce aux produits du manioc. La gare de Tiétié est devenue plus importante et plus vivante que la grande gare du fait que son activité, due principalement au déchargement des produits du manioc, a donné naissance à un grand marché. Au bout du compte, cette activité a favorisé l'éclosion de divers petits emplois à la gare de Tiétié. Le commerce des produits de manioc fait vivre les 2/3 des femmes commerçantes à Pointe-Noire. Le manioc est l'unique produit local de vente qui génère une activité commerciale particulière : la vente des produits d'emballage. Cette activité occupe un secteur de vente du marché de la gare de Tiétié. Là sont exposés : des sacs à farine de tout ordre, de grandes nappes, des fils d'attache, des aiguilles d'attache. Ces objets, qui étaient sans intérêt particulier autrefois, donnent lieu actuellement à une activité financière juteuse. D'autres activités subsidiaires au commerce du manioc sont : le fonctionnement des dépôts, le gardiennage, le balayage, la manutention et le pointage. Ces charges, dans le fonctionnement des dépôts de manioc à Bouansa et à Pointe-Noire, font l'objet d'équipes rotatives de travail mobilisant un nombre important d'actifs informels.

L'intérêt croissant des fonctionnaires et des diplômés sans emploi pour la culture du manioc active le mouvement de retour à la terre. Les premiers procèdent par des investissements financiers. Les seconds entraînent une hausse de main-d'œuvre par le mouvement de retour à la terre. Ils représentent également une nouvelle classe de producteurs dévoués et passionnés, capables d'une bonne gestion des revenus, au bénéfice de l'expansion de cette activité.

L'amélioration et la pérennisation prévisibles de l'organisation des coopératives agricoles présagent un avenir meilleur à la culture du manioc, surtout qu'elles aspirent à l'utilisation des engins mécaniques. La propagation prévisible de l'élan psychologique à la maîtrise de tout le processus d'exploitation, par la majorité des producteurs, est un facteur important. La maîtrise de la production et de la commercialisation ne peut que concourir à l'extension des espaces agricoles et à une large commercialisation. L'acquisition de gros véhicules entraîne la mise en valeur des espaces agraires encore inexploités de l'arrière-pays, difficilement accessibles. Le manioc permet aux producteurs de générer d'autres activités qui, à leur tour, favorisent le financement des activités d'exploitation de ce produit dans le département de la Bouenza. L'économie agricole locale tend progressivement vers l'utilisation des moyens matériels modernes. Elle s'oriente vers les petites et moyennes entreprises agricoles spécialisées dans la prestation des services et les conseils techniques de gestion.

La demande solvable est, sans aucun doute, forte. En effet, la présence des axes de communication les plus importants du pays (Chemin de Fer Congo-Océan, route Dolisie-Gabon...) y a favorisé depuis longtemps l'implantation d'une gamme d'activités, notamment agricoles. La constitution de vastes domaines coloniaux et l'installation de divers instituts de recherche agronomique tropicale ont été à l'origine d'un secteur agricole moderne. Ainsi, plusieurs fermes avicoles privées existaient autrefois dans la vallée du Niari. À la faveur de ceci, il fut signé en 1995 un protocole d'accord entre la République du Congo et la République sud-africaine par l'entremise du groupe agro-industriel South African Development Corporation pour la création d'une société d'économie mixte dénommée Société Agricole et Industrielle de la Vallée du Niari (SAIVN) au capital d'un milliard et demi de francs CFA.

Le Chemin de Fer Congo-Océan participe à la formation des revenus et favorise l'accès aux aliments des populations locales dans le département de la Bouenza. Ces revenus leur permettent d'acquérir les produits et les biens de consommation courante. Les magasins, toujours bien achalandés, sont fréquentés par une clientèle nombreuse. Ainsi, les populations de la Bouenza acquièrent sans difficulté ce dont elles ont besoin grâce au Chemin de Fer Congo-Océan.

Le tableau XXVII montre que le chemin de fer leur facilite l'obtention des produits congelés, du poisson de mer fumé, des conserves, de l'huile ménagère et de bien d'autres produits de première nécessité.

Tableau XXVII : Biens de consommation courante qu'apporte le Chemin de Fer Congo-Océan dans la Bouenza

N°	Produits	Citations	Pourcentage
1	Produits congelés (poulet, poisson de mer frais)	31	20,2
2	Poisson de mer fumé (*Makouala*)	25	16,2
3	Boîtes de conserve	24	15,6
4	Huile ménagère	22	14,3
5	Sels, épices, tomate concentrée	22	14,3
6	Riz	14	9,1
7	Pain	05	3,2
8	Produits divers (pétrole, boissons, vêtements …)	11	7,1
Total		154	100 %

Source : Enquêtes personnelles, 2006

Des activités comme la vente de pièces de véhicules d'occasion ou la réparation de motos *Djakarta* prennent de l'ampleur (photo n° 12).

À la question de savoir si *le Chemin de Fer Congo-Océan contribue à l'amélioration des conditions de vie dans le département de la Bouenza*, la quasi-totalité des usagers (93,9 %) répond par l'affirmative. À peine 6,1 % pensent le contraire. D'après eux, il facilite les échanges entre Nkayi et les grandes villes du pays notamment Brazzaville et Pointe-Noire. Bon nombre de personnes admettent qu'*il favorise la vente des produits agricoles dans les grandes villes ; tout ce que nous mangeons provient de Pointe-Noire ou de Brazzaville ; il nous apporte le modernisme avec l'utilisation des appareils électroménagers.* Pour eux, c'est le chemin de fer qui leur permet de découvrir les réalités urbaines, à travers les voyages. Les enfants déclarent, à demi-mot :

> Avec la vente des produits agricoles, nos parents trouvent facilement de l'argent pour nous habiller et nous offrir de la bonne nourriture. Grâce au CFCO, on vit bien.

Les échanges commerciaux génèrent des revenus qui permettent d'entreprendre diverses activités lucratives. L'amélioration des conditions de vie des populations du département de la Bouenza concerne les activités économiques, les déplacements, l'alimentation, l'habillement, l'équipement (ménager et agricole) et les soins de santé. Le Chemin de Fer Congo-Océan constitue, sans aucun doute, un appui sûr à la formation et à la diversification des revenus nécessaires à la résolution des problèmes sociaux comme le pensent 97,5 % des personnes interrogées. Pour accompagner la réorganisation sociale des systèmes de production, le Chemin de Fer Congo-Océan se tient en allié indispensable du développement local dans le département de la Bouenza.

L'évolution des valeurs et des mentalités induite par le Chemin de Fer Congo-Océan

Depuis la construction du Chemin de Fer Congo-Océan, il y a eu des changements profonds dans l'échelle des valeurs et des mentalités dans le département de la Bouenza. Le Chemin de Fer Congo-Océan a permis l'éclosion de certaines valeurs (la fraternité, le courage, la solidarité, l'hospitalité, le travail, le labeur, la culture d'entreprise) et l'évolution des mentalités liées à la modernité et au mode de vie urbain[49]. Nous avons vu plus haut que le Chemin de Fer Congo-Océan est à l'origine de la naissance des agglomérations ferroviaires dans le département de la Bouenza. Ces agglomérations constituent des centres de diffusion de l'influence urbaine moderne vers les campagnes.

Le Chemin de Fer Congo-Océan occupe aussi une place importante dans le fonctionnement du monde rural dudit département. Tout a pris de la valeur. Par son rapport avec le Chemin de Fer Congo-Océan, le paysan de la Bouenza se dit courageux, vaillant et brave. C'est en cela que nous faisons allusion à la rentabilité sociale de ce chemin de fer étant donné qu'en même temps il assure le déplacement des personnes et le transport des marchandises. Il constitue un véhicule incontestable des idées et des modes de vie. Il est, par ce fait, un facteur de brassage des valeurs et des mentalités. Antoine Mabounou, reprenant un document d'archives, le résume de la manière suivante :

> Le but du Congo-Océan consistait non seulement à créer la richesse, mais aussi à faire circuler la vie, le travail et la civilisation car les indigènes étaient incapables de véritables progrès sans le contact et la direction du Blanc. Le bruit du train qui passe sera le signal du réveil. Et ce réveil, cette civilisation signifie un bouleversement des coutumes et de la mentalité indigènes [Patte, P. - Rapport de la mission d'étude économique sur la C.I., p. 36][50].

Pour amorcer la réflexion sur cet aspect, nous avons cherché à connaître l'opinion des usagers du Chemin de Fer Congo-Océan sur son influence dans le département de la Bouenza. Selon plus de la moitié des usagers (66,6 %), les habitudes ont favorablement

[49] Une valeur est une qualité propre à des individus et à une société, permettant l'éclosion des potentialités et favorisant une existence harmonieuse ; les valeurs sont un ensemble de compétences humaines et de qualités morales qui permettent l'existence harmonieuse et le développement de la société ; les mentalités sont un ensemble de croyances, une façon de penser d'une collectivité ou d'un lieu.

[50] A. Mabounou, 1987, *op.cit.*

évolué mais sans détruire les coutumes et les traditions. Pour les autres, le chemin de fer a détruit les coutumes et les traditions (9,1 %) ; pour certains autres (18,2 %), les deux opinions sont acceptables à la fois ; 6,1 % sont sans avis.

Dans leur appréciation, les usagers déclarent que le Chemin de Fer Congo-Océan a apporté à la fois de bonnes et de mauvaises habitudes. Au vu du tableau ci-dessus, il apparaît que les habitudes ont favorablement évolué dans la Bouenza grâce au chemin de fer, comme le reconnaissent 66,6 % des personnes que nous avons consultées.

De bonnes *habitudes* introduites par le Chemin de Fer Congo-Océan

Les réflexes de commerçant et la dynamisation des échanges commerciaux

Le Chemin de Fer Congo-Océan a généré une sorte de tradition commerciale chez les populations de la Bouenza. Il faut faire ou vendre quelque chose pour avoir de l'argent, disent les uns et les autres. La relance du train ROC et des trains de marchandises, après la longue période de troubles que le département de la Bouenza a traversée, a suscité d'énormes espoirs pour les commerçants. Malgré les difficultés auxquelles est confronté le Chemin de Fer Congo-Océan, bon nombre de paysans et de commerçants s'enrichissent grâce à cette infrastructure. Ils souhaitent que le Chemin de Fer Congo-Océan mette à leur disposition plus de wagons pour embarquer leurs marchandises ou lance un train de marchandises qui ramasserait leurs colis au moins une fois par semaine pour les acheminer vers Pointe-Noire ou Brazzaville.

L'implantation d'un nouveau mode de vie en milieu rural

On assiste à un apport important du mode de vie urbain en milieu rural et à la modification des paysages[51]. *On mange maintenant comme en ville et on s'habille aussi comme en ville*, disent bon nombre de jeunes

---

[51] Dans l'entendement des personnes que nous avons interrogées, les notions de modernisme, de modernité et de modernisation ont le même sens. C'est à la fois la tendance à préférer ce qui est moderne et le caractère de ce qui est moderne. C'est aussi donner un caractère moderne à une chose.

producteurs ruraux. En effet, les populations locales reconnaissent que la qualité des aliments s'améliore sans cesse et que l'alimentation se diversifie. Elle devient moderne et entraîne le changement d'habitudes alimentaires (adoption des plats urbains et modification des horaires de repas). Du reste, le Chemin de Fer Congo-Océan procure des opportunités de s'habiller correctement et facilement.

Les populations se réjouissent de la facilité que leur offre le Chemin de Fer Congo-Océan dans l'acquisition des biens d'équipement divers, notamment le matériel électroménager, de la ville vers le village. Les loisirs de type urbain, comme les ciné-clubs et les babyfoots, ont également pénétré les villages, apportant la détente et le repos.

La modernisation des cultures et le brassage des populations

Nous avons constaté que le Chemin de Fer Congo-Océan et les médias, notamment la télévision, exercent une influence convergente sur l'évolution des modes de vie des populations. Les personnes qui disposent d'un poste téléviseur et surtout d'une antenne parabolique et d'un abonnement à Canalsat captent plusieurs chaînes de télévision nationales et étrangères, notamment Télé Congo, TV5, Euronews et France 24 (photo n° 13).

Le brassage des cultures se fait par la fréquentation réciproque entre les villageois et les citadins. Cela permet la promotion des échanges d'expériences. Par les voyages et la cohabitation avec les populations des autres départements et des villes, se font le brassage des cultures et le changement de mentalités.

La facilitation et la multiplication des contacts entre villageois et citadins améliorent et approfondissent les rapports humains en dépassant les considérations ethniques et régionales. Des liens de solidarité se créent. Les comportements et les valeurs se modifient. L'amour du prochain et la vie en société ont dépassé les cadres familial, ethnique, villageois et régional.

Les mauvaises *habitudes* dans le département de la Bouenza

Cependant le Chemin de Fer Congo-Océan a aussi apporté de mauvaises habitudes dans le département de la Bouenza, parmi lesquelles on compte la prostitution. Dans ce sens, Joseph

Gamandzori évoque le rôle des femmes sur la voie ferrée depuis sa construction. Il a pu noter que, pour améliorer le *moral* des travailleurs, un certain nombre de femmes devaient accompagner les recrues. Elles devaient être recrutées dans des proportions atteignant 25,0 % de l'effectif des contingents. Placées en situation de quasi-oisiveté, de promiscuité et de surnombre masculin, la plupart des femmes étaient au début d'une expérience nouvelle : la vie des femmes des camps de travail. Loin du cadre villageois et des contraintes traditionnelles, on a très vite observé un relâchement des mœurs parmi ces femmes. À ce sujet, Joseph Gamandzori évoque les propos d'un des tâcherons du Congo-Océan rapportés par Manot :

> « Les maris sont en général très complaisants [...] tant que cela leur rapporte. Dans le courant du mois, la femme accorde ses plaisirs à crédit. À la fin du mois, au moment de la paye, on procède au règlement de compte »[52].

Ce phénomène s'est, sans nul doute, aggravé au fil du temps. Il prévaut en milieu jeune, dans les centres urbains du département, particulièrement dans les gares ferroviaires. En effet, selon le constat fait lors d'un atelier sur l'éducation dans la Bouenza organisé en 2005 à Madingou, la sexualité des élèves était la cause principale des mauvais résultats obtenus au cours du premier trimestre dans les collèges d'enseignement général du département de la Bouenza, zone 1. Le taux d'admission, très minable, avoisinait à peine les 20 %. Un chef d'établissement avait révélé que, pour le seul premier trimestre de l'année scolaire 2005-2006, près d'une dizaine de grossesses avait été enregistrée et, plus troublant, deux filles de la classe de 6ème vivaient maritalement. L'inspecteur coordonnateur avait exhorté les directeurs à poursuivre leurs missions d'éducation et les professeurs à consacrer un minimum de leur temps de cours pour parler aux élèves des dangers du SIDA afin de ralentir les élans de la sexualité. Parmi les villes ferroviaires du département de la Bouenza, Madingou et Nkayi avaient déjà en 2003, respectivement 5,3 % et 2,6 % de taux de prévalence du SIDA. Bien plus, 14,5 % de la population de la ville de

---

[52] J. Gamandzori, 1987. *op.cit.*, p. 63.

Nkayi souffrent de maladies sexuellement transmissibles dont la syphilis[53].

La délinquance, le vandalisme, le vol, le viol, l'insécurité chronique sont le lot des gares du Chemin de Fer Congo-Océan. La gare de Nkayi est considérée comme lieu à haut risque, surtout la nuit. Par ailleurs, les enfants de la rue, dits *faseurs,* restent très tard à la gare pour attendre les trains et écouler, de temps à autre, des objets volés. La journée, ces enfants exercent de petits boulots auprès des voyageurs, des pousseurs et des commerçants (photo 89 et 90).

Les mauvaises habitudes ne sont pas imputables qu'au Chemin de Fer Congo-Océan. Toutefois, les usagers pensent que les agents du CFCO sont devenus malhonnêtes. *Ils sont maintenant animés d'un esprit de cupidité, exigeant des pots-de- vin pour tout service rendu aux clients, alors que c'est leur devoir ; la malhonnêteté actuelle des agents du Chemin de Fer Congo-Océan et le vol sont manifestes à la gare de Bouansa*, note un usager.

Autant, les usagers reconnaissent que le Chemin de Fer Congo-Océan contribue à l'amélioration des conditions de vie dans le Département de la Bouenza, autant ils relèvent, sans ambages, que l'image du CFCO est ternie par les mauvaises habitudes qu'il génère. S'agit-il là des revers de la modernité ou de la mise en place d'un modèle social et culturel propre à l'espace ferroviaire ?

Il s'est mis en place une forme d'appropriation du Chemin de Fer Congo-Océan par les populations de la Bouenza. Elles disent que c'est leur train ; il existe parce que leurs parents l'ont construit. Le Chemin de Fer Congo-Océan prolonge, dans une large mesure, les initiatives locales. À travers différentes stratégies individuelles, familiales et associatives, on assiste à un renforcement des valeurs sociales et monétaires. Facteur de production, d'échanges et de transformation, le Chemin de Fer Congo-Océan demeure un espoir pour le développement du département de la Bouenza. Il concentre l'essentiel des agglomérations qui abritent les services nécessaires aux populations.

Le couloir ferroviaire du département de la Bouenza constitue un espace de transformation des mentalités. Le Chemin de Fer Congo-Océan est le point de diffusion des éléments positifs de la modernité et de nouveaux comportements sociaux.

---

[53] A. Mbou, 2009 : « La situation du VIH/SIDA en période de postconflit au Congo Brazzaville ». *In* J. Gamandzori, *Congo Brazzaville : État et société civile en situation de post-conflit.*

Photo n° 12 : Jeunes réparateurs de motos *Djakarta* et de groupes électrogènes à Bouansa. Cliché P. Moundza, 2012

Photo n° 13 : Antenne parabolique devant une maison dans le village Mfila sur la route de Mouyondzi. Cliché P. Moundza, 2012

CONCLUSION

Les besoins du département de la Bouenza en transport ferroviaire sont importants. La relation des populations au Chemin de Fer Congo-Océan est forte et relève du ressenti. Cette infrastructure est un héritage historique qui participe au désenclavement, à la transformation et au développement de l'espace régional de la Bouenza. Cette voie ferrée favorise l'évolution du niveau de vie des populations. Son influence dans la vie et les activités humaines est bien manifeste. Certes, celle-ci n'est pas partout la même, mais en tout cas il n'y a pas un endroit du département qui échappe à celle-ci. Les populations, sans contredit, se sont approprié cette infrastructure. De l'avis de nos interlocuteurs, le Chemin de Fer Congo-Océan, est à la fois, *le ciment de l'unité régionale et le facteur de cohésion et de développement du département de la Bouenza.* Il crée des liens de plus en plus forts entre les villes et la campagne et entre les populations dans le département de la Bouenza. Le Chemin de Fer Congo-Océan contribue au développement des activités économiques par la création d'emplois. À cet effet, toutes les gares ferroviaires apparaissent comme des pôles locaux où foisonnent de petits emplois et services.

Les départements voisins de celui de la Bouenza dépendent en partie de ce *corridor commercial.* Au-delà des frontières de la Bouenza, le Chemin de Fer Congo-Océan polarise un espace plus vaste dont les échanges dynamisent le commerce et les relations villes-campagnes. Le monde rural a beaucoup changé au regard de l'évolution des activités, des nouveaux comportements socio-économiques et de la modification des pratiques quotidiennes. Composant avec les autres facteurs, le Chemin de Fer Congo-Océan a fait surgir la mise en valeur des zones rurales, favorisé la modernisation et l'essor de l'agriculture familiale dans le département de la Bouenza. Il permet à l'agriculture familiale de jouer un rôle clé pour garantir la sécurité alimentaire et aussi façonner un type de producteur, de transporteur et de commerçant. Les transformations récentes du monde rural confortent l'idée de campagnes vivantes dans le département de la Bouenza dont l'avenir dépend dans une large mesure du Chemin de Fer Congo-Océan. Le monde rural se transforme ; le Chemin de Fer Congo-Océan l'accompagne dans sa mutation. De plus en plus, des citadins investissent à la campagne et souhaitent y vivre, vu la facilité de communication et d'échange qu'offre le chemin de fer. Dans cette imbrication de l'urbain et du rural, de nouveaux réseaux sociaux sont apparus. Si aujourd'hui certains ruraux vivant dans des zones enclavées manquent d'un peu de tout, les paysans de la Bouenza évoluent dans des conditions bien meilleures du fait de la complémentarité voie ferrée/réseau routier qui a favorisé le développement de nombreuses activités économiques.

Il s'est établi une certaine forme de synergie entre les villes et les villages le long du chemin de fer avec le développement d'un habitat de type rurbain. De ce fait, le Chemin de Fer Congo-Océan réduit la distance sociale entre les deux niveaux spatiaux (ville/campagne) à travers l'amélioration des revenus des commerçants et des paysans, l'accumulation des biens matériels modernes dans les villages et évidemment l'évolution des mentalités et des comportements. Il contribue au développement de la pluriactivité et au placement de l'agriculture au centre des efforts de développement local dans le département de la Bouenza. Il est la clé de la prospérité de l'agriculture paysanne vivrière et des petits producteurs. A partir des investissements qui s'y réalisent, le Chemin de Fer Congo-Océan bonifie les produits primaires du département de la Bouenza. Il contribue à la satisfaction de la demande des marchés urbains en produits vivriers, valorisant du coup le travail des producteurs ruraux. Pour cela, il faut accepter que se développe, à côté de l'agriculture familiale en voie de modernisation, un véritable entreprenariat agricole et d'autres activités non agricoles. Les projets agro-pastoraux et ruraux doivent être inscrits dans le complexe primaire local et s'articuler autour des activités motrices de ce département, à savoir l'agriculture, le commerce et bien entendu les transports routier et ferroviaire. Cependant, en rapport avec notre interrogation de départ, il nous semble que la réflexion pourrait être approfondie sur certains aspects comme :

• la croissance des agglomérations urbaines ferroviaires, la typologie et l'évolution de l'habitat ;
• les communications locales et interurbaines, le brassage des populations et des cultures ;
• les réseaux de collecte et le système d'entreposage des produits agricoles ;
• la sollicitation et l'implication des pouvoirs locaux (comités de villages, mairies et conseil départemental), des associations paysannes, des syndicats des commerçants et des transporteurs, dans le développement local.

À la fin de notre réflexion, nous nous posons, évidemment, des questions sur le devenir du Chemin de Fer Congo-Océan, tout au moins dans le département de la Bouenza, face à l'intensification du trafic sur la route nationale n° 1. En effet, depuis quelque temps, les usagers du CFCO utilisent beaucoup plus cette route que la voie ferrée notamment en direction de Pointe-Noire. Cette concurrence semble réduire l'emprise du Chemin de Fer Congo-Océan sur ses territoires immédiats, à commencer par le département de la Bouenza.

BIBLIOGRAPHIE

Adam, M., 1980 : « Manioc, rente foncière et situation des femmes dans les environs de Brazzaville (République Populaire du Congo) », *Cahiers d'Études africaines, Écologie, économie, pouvoir*, pp. 77-78,

Akibode, A., K., 1989 : *Pratiques paysannes et développement rural dans les savanes septentrionales du Ghana,* Université Paris 8, 530 p., 2 vol.

Almeida (d')-Topor, H. ; Chanson-Jabeur, Ch. ; Lakroum, M. (eds), 1992 : *Les transports en Afrique*, Paris, L'Harmattan, 365 p.

Aloko-N'Guessan, J. ; Amadou Diallo ; Kokou H., M., 2010 : *Villes et organisation de l'espace en Afrique,* Paris, Karthala, 226 p.

Amin, S. ; Coquery-Vidrovitch, C., 1969 : *Histoire économique du Congo (1889-1969).Du Congo français à l'Union douanière et économique d'Afrique centrale.* Paris, Anthropos, 204 p.

Anglade, F. ; Bahjat Achikbache, 1988 : « L'attraction démographique des centres urbains au Congo », *Les Cahiers d'Outre-Mer*, 41 (161), Bordeaux, pp. 41-60.

Auger, A., 1968 : « Notes sur les centres urbains secondaires au Congo-Brazzaville », *Les Cahiers d'Outre-Mer*, XXI, n° 81, Bordeaux, pp. 29-55.

Auger, A., 1970 : « Le ravitaillement vivrier traditionnel de la population africaine de Brazzaville. Contribution à l'étude géographique des rapports villes-campagnes en Afrique intertropicale, pp. 273-298 ». *In* : *La croissance urbaine en Afrique noire et à Madagascar,* tome 1, Talence, CNRS, 565 p.

Auger, A., 1973 : *Kinkala, étude d'un centre urbain secondaire au Congo-Brazzaville,* Paris, Coll. Travaux et documents ORSTOM, 132 p.

B.D.P.A. : *Opération de modernisation rurale dans la vallée du Niari.* Rapport annuel 1964-1965, Paris, 20 p.

Balandier, G., 1985 : *Sociologie des Brazzavilles noires,* Paris, Presses de la Fondation Nationale des Sciences Politiques, 510 p., 2ème éd.

Ballif, N., 1993 : *Le Congo*, Paris, Karthala, 215 p.

Banque mondiale, 1999 : *Développer les transports en Afrique. Un secteur en pleine mutation*, Finding, Région Afrique, Washington, n° 114, 5 p.

Bavoux, J. J. ; Beaucire, F. ; Chapelon, L. ; Zembri, P., 2005 : *Géographie des transports,* Paris, A. Colin, 231 p.

Bavoux, J. J., 2003 : *Introduction à l'analyse spatiale.* Paris, A. Colin, 96 p.

Beguin, A., Thomas, J., 1996 : *Morphologie du réseau de communication et localisations optimales d'activités. Quelle mesure pour exprimer la forme du réseau ?* Université de Louvain, Département de Géographie, 2 p.

Bernault, F., 1996 : *Démocraties ambiguës en Afrique centrale. Congo-Brazzaville, Gabon : 1945-1965*, Paris, Karthala, 423 p.

Bondza, A., 1979 : *L'espace rural face au fait urbain dans l'extrême sud de la République Populaire du Congo.* Paris, École des Hautes Études en Sciences Sociales, Panthéon Sorbonne, 732 p.

Boutsindi, F., 1983 : *Mouyondzi : étude géographique d'un centre urbain secondaire du Congo méridional,* Université de Bordeaux III, UER de Géographie, 207 p.

Calcio Gaudino, J. C., 1993 : *Urbanisation et espace national au Congo*, Université de Nice Sophia-Antipolis, 406 p.

Centre de Recherche et d'Études Techniques de l'Habitat (CRETH), 1980 : *Centres secondaires. Étude sociourbaine,* Brazzaville, 148 p.

Centre de Recherche et d'Études Techniques de l'Habitat (CRETH), 1984 : *Centres secondaires. Étude sociourbaine*, Tome 2, Brazzaville, 87 p.

Chaléard, J. L., 1988 : « Le manioc, la ville et le paysan. Approvisionnement urbain et mutations rurales dans la région de Bouaké (Côte d'Ivoire) », *Cahiers des Sciences Humaines,* 24 (3), pp. 333-348.

Chaléard J. L., Dubresson A., 1989 : « Un pied dedans, un pied dehors : à propos du rural et de l'urbain en Côte-d'Ivoire », *Tropiques, lieux et liens*, Paris, ORSTOM, pp. 277-290.

Chaléard, J. L. ; Dubresson, A. (éditeurs), 1999 : *Villes et campagnes dans les pays du Sud : géographie des relations,* Paris, Karthala, 258 p.

Chaléard, J. L. ; Pourtier, R., 2000 : *Politiques et dynamiques territoriales dans les pays du Sud*, Paris, Publications de La Sorbonne, 262 p.

Chaléard, J. L. ; Charvet, J. P., 2004 : *Géographie agricole et rurale*, Paris, Belin, 240 p.

Chaléard, J. L. ; Chanson-Jabeur, Ch. Béranger, Ch., 2006 : *Le chemin de fer en Afrique.* Paris, Karthala, 401 p.

Chaléard, J. L. ; Moustier, P. ; Leplaideur, A. : *L'approvisionnement vivrier des villes en Guinée : entre fragilité et dynamisme,* 19 p.

http://horizon.documentation.ird.fr/exl-doc/pleins_textes/pleins_textes_7/autrepart1/010030240.pd f Site visité le 24.1.2001

Champaud, J., 1983 : *Villes et campagnes du Cameroun de l'Ouest.* Mémoires de l'ORSTOM, n° 98, 508 p.

Claval, P., 1993 : *Initiation à la géographie régionale*, Paris, Nathan, 288 p.

Claval, P., 2003 : *Géographie culturelle : une nouvelle approche des sociétés et des milieux,* Paris, A. Colin/VUEF, 287 p.

Congo, Ministère du Plan, Centre national de la statistique et des études économiques, 1980 : *Recensement Général de la Population et de l'Habitat de 1974 (RGPH). Résultats définitifs. Tableaux statistiques détaillés*, Brazzaville, 197 p.

Congo, Ministère du Plan, de l'Economie et des Finances, Centre national de la statistique et des études économiques, 1984 : *Le RGPH 84 en quelques chiffres.* Brazzaville, 8 p.

Congo, Ministère des Finances, du Plan et de l'Economie, Centre national de la statistique et des études économiques, 1992 : *Le Recensement Général de la Population et de l'Habitat de 1984 (RGPH). Volume IV. Analyse des résultats définitifs,* Brazzaville, 591 p.

Congo, Centre d'Etude et de Recherche Géographique et de Production Cartographique, 1993 : *Carte générale du Congo au 1/1.000.000*, Paris, IGN - France.

Congo, 1996 : *Les options d'une relance économique durable. Conférence de table ronde,* Genève, vol. 1, Document de base, 62 p.

Congo, Ministère d'État chargé de la programmation, de la privatisation et de la promotion de l'entreprise privée nationale, Centre national de la statistique et des études économiques, 1998 : *Recensement général de la population et de l'habitat de 1996. Volume 1, résultats provisoires*, Brazzaville, 343 p.

Congo, Présidence de la République, 2000 : *Livret économique du Congo-Brazzaville*, 40 p.
Congo, Ministère de l'Économie, des Finances et du Budget, 2000 : *Programme intérimaire post-conflit du Congo(PIPC) 2000-20002*, Brazzaville, 209 p.
Congo, Ministère du Plan, de l'Aménagement du Territoire et de l'Intégration économique, Centre national de la statistique et des études économiques, 2006 : *Enquête congolaise auprès des ménages pour l'évaluation de la pauvreté (ECOM 2005). Profil de la pauvreté au Congo en 2005. Rapport final d'analyse,* Brazzaville, 282 p.
Congo, Ministère du Plan, de l'Aménagement du Territoire, de l'Intégration Économique et du NEPAD, Centre national de la statistique et des études économiques, 2006 : *Enquête démographique et de santé, 2005. Rapport préliminaire,* Brazzaville, 36 p.
Congo, Ministère du Plan et de l'Aménagement du Territoire, Centre national de la statistique et des études économiques, 2008 : *Résultats provisoires du recensement général de la population et de l'habitation-Congo 2007. Synthèse des résultats,* 7 p.
Congo, Comité national de lutte contre la pauvreté, secrétariat permanent, 2007 : *Document de stratégie de réduction de la pauvreté (DSRP)*, 137 p.
Congo, Ministère du Plan et de l'Aménagement du Territoire, Centre national de la statistique et des études économiques, 2009 : *Annuaire statistique 2007*, Brazzaville, 336 p.
Congo, Ministère de l'Économie, du Plan, de l'Aménagement du Territoire et de l'Intégration, Centre National de la Statistique et des Études Économiques, 2010 : *Le RGPH en quelques chiffres*, Brazzaville, 23 p.
Congo, 2010 : *Rapport national des progrès vers l'atteinte des objectifs du millénaire pour le développement*, Brazzaville, 79 p.
Coquery-Vidrovitch, C., 1972 : *Le Congo au temps des compagnies concessionnaires,* 1898-1930, Paris, Mouton, 598 p.
Coquery-Vidrovitch, C. 1996 : *Interdépendance villes-campagnes en Afrique. Mobilité des hommes, circulation des biens et diffusion des modèles*, Paris, L'Harmattan, 296 p.
Crémieu Alcan, E., 1977 : « Le scandale du Congo-Océan », Paris, *Hérodote*, p. 76-91.

Dadet, P., 1969 : *Notice explicative sur la carte géologique de la République du Congo-Brazzaville au 1/500000e*, Mémoire n° 70 B.R.G.M., 100 p.

De Singly, F., 1992 : *L'enquête et ses méthodes : le questionnaire*, Paris, Nathan, 128 p.

Desjeux, D., 1987 : *Stratégies paysannes en Afrique noire : le Congo (essai sur la gestion de l'incertitude)*, Paris, l'Harmattan, 247 p.

Diry, J. P., 2004 : *Les espaces ruraux*, Paris, A. Colin, 192 p., 2ème éd.

Dizier, L. L. ; Léo, O., 1986 : *Télédétection. Techniques et applications cartographiques*, Paris, BDPA, 275 p.

Dorier-Apprill, E. ; Gervais-Lambony, P. (dir.), 2007 : *Vies citadines*, Paris, Belin, Coll. Mappemonde.

Dumont, R. 1973 : *L'Afrique noire est mal partie*, Paris, Seuil, 287 p.

Dymest/CRET, 1999 : *Aspects du développement économique dans un pays enclavé. Le Burkina Faso*, Université de Bordeaux III, 100 p. Collection « Pays enclavés » n° 9.

Dynamiques paysannes (revue), 2005 : Burkina Faso. « Les banques de céréales : un outil pertinent et durable pour la sécurité alimentaire », Bruxelles, n° 8 et 9, 10 p.

Elikia Mbokolo ; Sainteny, Ph. ; Ferrani : *Afrique(s). Une autre histoire du XXe siècle*, Paris, Temps noir, 2008-2010, 64 p. Ellis, S., 1995 : *L'Afrique maintenant*, Paris, Karthala, 476 p.

Forum pour le Développement de l'Afrique, 2002 : *Cinq ans pour révolutionner les transports en Afrique. Libre circulation en Afrique. Un préalable à l'intégration régionale*, Addis-Abeba, 5 p.

Fouquet, B., 2010 : *Étude sur le financement de l'agriculture et du monde rural.* Rapport principal. Mali, Rome, FAO, 91 p. http://www.fondation-farm.org/IMG/pdf/microfi20100701_rapport_principal.pdf Site visité le 15.2.2011

Frayssignes, J., 2008 : Démarches de qualité et développement territorial: quels apports pour la géographie rurale? L'exemple des AOC fromagères françaises. Paris, *Geocarrefour*, Vol. 83/4, Géographie(s) rurale(s) en question(s) p. 295-305. http://geocarrefour.revues.org/7055 Site visité le 8.5.2013

Gamandzori, J., 1987 : *Chemin de fer, villes et travail au Congo. 1921-1953*, Paris VII, 550 p.

Gamandzori, J., 2007 : « Pierre Savorgnan de Brazza et la mise en valeur du Congo français (1875-1905) », Brazzaville, Université Marien Ngouabi, *Les Cahiers de l'IGRAC*, n° 2, pp. 15-23

Godard, X., 1985 : « Quel est le rôle des transports dans la couverture des besoins alimentaires des villes ? Premières réflexions partielles », *In : Nourrir les villes en Afrique subsaharienne.* Paris, L'Harmattan, pp. 247-255.

Gondola, Ch. et al., 1997 : *Villes miroirs. Migrations et identités urbaines à Kinshasa et Brazzaville 1930-1970*, Paris, l'Harmattan, 478 p.

Grain de sel - Inter Réseaux, 2003 : « Quelles solutions contre la pauvreté rurale ? » Paris, n° 22, pp. 33-34.

Groupe de la Banque Africaine de Développement, division de la statistique, 2006 : *Indicateurs sur le genre, la pauvreté et l'environnement sur les pays africains.* Tunis, 316 p. GENDER_2006_0_PDF

Guillot, B. ; Massala, A., 1970 : « Histoires des pays Beembé ». Paris, *Cahiers ORSTOM, série Sciences Humaines*, vol. VII, n° 3, pp. 41-74.

Hatcheu Emil Tchawe, 2000 : Les commerçants et les transporteurs dans l'approvisionnement vivrier et la distribution alimentaire à Douala (Cameroun) », *Bulletin de l'APAD* [En ligne], 19 | 2000, mis en ligne le 12 juillet 2006, URL : http://apad.revues.org/431, Consulté le 24 janvier 2011

Ieme Van Der Poel, 2006 : *Congo-Océan, un chemin de fer colonial controversé*, 186 p., Tome 1.
http://www.decitre.fr/livres/CongoOcean.aspx/9782296013322

Igué, J. ; Kengne Fodouop ; Aloko-N'Guessan, J., 2010 : *Maîtrise de l'espace et développement en Afrique*, Vol. 1, État des lieux, Paris, Karthala, 340 p.

INRAP, 2008 : *Carte de la République Populaire du Congo au 1/900 000*, Paris, Editions Belin.

Jeune Afrique, 2001 : *Les Atlas de l'Afrique. Le Congo,* Paris, 76 p., 2ème éd.

Jeune Afrique. L'Intelligent (le plus), 2002 : « Le CFCO. Un acteur stratégique au service des économies du Congo et des sous-régions », Paris, n° 2184.

Kengne Fodouop, 2004 : *Citadins et développement des campagnes au Cameroun*, Paris, L'Harmattan, 230 p.

Kengué, E., 2009 : *Bouansa, une gare dynamique du Chemin de Fer Congo-Océan*, Brazzaville, École Normale Supérieure, 97 p.

Kongo, M., 1971 : *Les Bembé à Jacob. Étude géographique*, Université de Bordeaux, Faculté des Lettres et Sciences Humaines, Institut de Géographie, 162 p.

Lasserre, G., 1982 : « Quelques caractères originaux des relations villes-campagnes en Afrique tropicale », *Bull. de la Société Languedocienne de géographie*, tome 16, fasc. 1-2, Montpellier.

Loumouamou, D., 1984 : *L'influence du chemin de fer Congo-Océan sur la région traversée entre Brazzaville et Matoumbou en République Populaire du Congo,* Université de Bordeaux III, 377 p.

Mabounou, A., 1988 : *Structures sociopolitiques et économiques de la Bouenza (1896-1946),* Paris VII, 1582 p.

Mengho, M. B., 1984 : « Ouesso, quelques aspects géographiques d'un centre semi-urbain au Congo », *Les Cahiers d'Outre-Mer,* Bordeaux, 37, n° 147, pp. 235-255.

Mengho, M. B., 1990 : *Campagnes et villes du Congo septentrional. Sous-développement et marginalité.* Université de Bordeaux III, UER de Géographie, 2 tomes, 782 p.

Mengho, M. B, 1998 : « Petits métiers et chômage déguisé en milieu urbain. Analyse de quelques cas à Brazzaville (Congo) », *Les Cahiers d'Outre-Mer,* 51 (201), Bordeaux, pp. 89-98.

Mengho, M. B., 1999 : « Les transformations de l'agriculture vivrière le long de la RN 2 au nord de Brazzaville », *Les Cahiers d'Outre-Mer,* 52 (207), Bordeaux, pp. 233-256.

Mengho, B. M., 2000 : « Cadre de vie, pauvreté et santé en milieu rural au Congo. L'exemple de la région de la Sangha occidentale », *Revue du CAMES*, série B, sciences sociales et humaines, vol. 2, pp. 46-58.

Mérenne, E., 1997 : *Géographie des transports*, Paris, Nathan, 192 p.

Mondjannagni, A. C., 1977 : *Campagnes et villes au sud de la République Populaire du Bénin,* Paris, Mouton, 615 p.

Moundza, P., 2006 : « Le Chemin de Fer Congo-Océan, production du manioc et organisation de l'espace sur le plateau Bembé dans le Sud-Ouest du Congo ». *In :* Chaléard, J. L. : *Le chemin de fer en Afrique.* Paris, Karthala, pp. 323-336.

Moundza, P., 2009 : « État, gestion spatiale et reconstruction de l'arrière-pays au Congo-Brazzaville : le cas des Pays de Mpangala ». *In* : Joseph Gamandzori, 2009, Congo-Brazzaville : *État et société civile en situation de postconflit*, Paris, L'Harmattan, pp. 23-37.

Moundza, P., 2013 : *Le Chemin de Fer Congo-Océan : facteur de structuration de l'espace dans le département de la Bouenza,* Brazzaville, Université Marien Ngouabi, Faculté des lettres et des sciences humaines, 362 p.

Moundzeo, L., 2011 : « Dates de plantation et de récolte des variétés de manioc (*Manihot esculenta Crantz*) dans la vallée du Niari (Congo) ». Brazzaville, Agence Nationale de Valorisation des Résultats de la Recherche, *ZEBI*, n° 3, fiche technique n° 04-Z/11/ANVAR-CG, 5 p.

Moussonissa, R., 1994 : *La Bouenza (R. Congo). Une région en voie d'industrialisation. Formes modernes et stratégies locales.* Lyon, Université Jean Moulin, 615 p.

Nkaloulou, B., 1984 : *Dynamique paysanne et développement rural au Congo,* Paris, l'Harmattan, 260 p.

Nkaya, M., 2005 : *Le Congo-Brazzaville. Plaidoyer pour l'avenir,* Paris, L'Harmattan, 276 p.

Nsikahana, M., 2003 : *Projection spatiale de la politique congolaise de développement rural. Cas du district de Mindouli,* Brazzaville, Université Marien Ngouabi, Faculté des Lettres et des Sciences Humaines, 389 p.

ORSTOM, 1965 : *Quinze ans de travaux et de recherche dans les pays du Niari. Étude synthèse, atlas 1949-1964*, Brazzaville, I.G.N., 29 planches cartographiques.

Pourtier, R., 1993 : « Petites villes et villes moyennes : développement local et encadrement étatique ». *La documentation française, Afrique contemporaine,* Numéro spécial "Villes d'Afrique", Trimestriel n° 168, octobre décembre, pp. 82-97.

Ritter, J., 1976 : *Géographie des transports,* Paris, P.U.F., 128 p. Collection Que sais-je ? n° 1427.

Rouzier, J., 1994 : *Pour une approche du monde rural : le territoire, un acteur à part entière,* Université de Montpellier, CNRS, CRPEE, *Cahiers Options Méditerranéennes*, vol. 3, pp. 67-70.

Samba, G., 2000 : *Agroclimatologie de la région du Pool (République du Congo),* Dijon, Université de Bourgogne, 212 p.

Sautter, G., 1966 : *De l'Atlantique au fleuve Congo. Une géographie du sous-peuplement. République du Congo.* République Gabonaise, Paris, Mouton & Cie, 2 vol., 1102 p.

Sautter, G., 1967 : « Notes sur la construction du chemin de fer Congo-Océan (1921-1934) », *Cahiers d'études africaines*, n° 26, Vol. VII, pp. 219-294.
http://etudesafricaines.revues.org/document1251.html

Souka, J. F. S., 1991 : *Urbanisation, approvisionnement vivrier et alimentaire en Afrique Noire : le cas de Brazzaville*, Université de Bordeaux III, 2 vol., 744 p.

Université Marien Ngouabi, CEREGE ; CICRED, 2006 : *Programme international de recherche sur les interactions entre la population, le développement et l'environnement (PRIPODE). Pauvreté et problèmes environnementaux*, Brazzaville, 149 p.

Vennetier, P., 1968 : *Pointe-Noire et la façade maritime du Congo-Brazzaville*, Paris, ORSTOM, 458 p.

Vennetier, P., 1982 : « A propos des relations villes-campagnes en Afrique tropicale », *Bull. de la Société Languedocienne de géographie*, Montpellier, 16, n° 1-2, pp. 45-57.

Vennetier, P., 1988 : « Urbanisation, production agricole et autosuffisance alimentaire. Réflexions sur le cas africain », *Les cahiers d'Outre-Mer*, n° 163, 41e année, juillet-septembre, pp. 209-226.

Vennetier, P., 1989 : « Pauvreté urbaine et évolution du paysage végétal en Afrique tropicale », *In : Livre d'hommage à G. Lasserre*, Bordeaux, CEGET-CRET, pp. 563-578.

Vennetier, P., 1991 : *Les villes d'Afrique tropicale*, Paris, Masson, 244 p.

Vennetier, P., 1991 :« Urbanisation et développement dans les pays tropicaux », Bordeaux, *Espaces tropicaux*, n° 4, 200 p.

Vennetier, P. 1993 : *Innovations et développement rural dans les pays tropicaux*, Bordeaux, CEGET, 212 p.

Vennetier, P., 2007 : *À propos de développement rural en Afrique noire*, Bordeaux, Presses universitaires, 264 p.

Villien, F., 1993 : « Dépendance économique, pauvreté et espace urbain en Afrique centrale ». *In : Études sahéliennes,* n° 3940, Université de Rouen, 5e journées de Géographie tropicale, 14 p.

Villien-Rossi, M. L., 1977 : *La Compagnie Minière de l'Ogooué. Son influence géographique au Gabon et au Congo,* Université de Bordeaux III, UER de géographie, 673 p.

Yapi-Diahou, A., 2005 : *D'hier à aujourd'hui : les défis de l'aménagement du territoire,* Abidjan, ENS, 5 p.

http://www.amenagementafrique.com/IMG/pdf/defis_AT_Yapi_Diahou.pdf. Site consulté le 1er octobre 2011.

Yekoka J. F., 2007 : « Droit foncier et retour au domaine dans le « pays de Boko-Songho » (fin XIXe-début XXIe siècle) », *Les Cahiers de l'IGRAC* n° 2, 2007, pp. 49-59.

Ziavoula, R. E., 1990 : « Relations centre-périphérie dans l'organisation du territoire congolais », Brazzaville, *Revue de l'ENAM*, n° 3, 2ème semestre, pp. 50-59.

Ziavoula, R. E., 2005 : *Le Congo, enjeu territorial et développement local,* Paris, L'Harmattan, 270 p.

Ziavoula, R. E., (éd.), 2006 : *Brazzaville, une ville à reconstruire : recompositions citadines.* Paris, Éditions Karthala, Collection Hommes et sociétés, 351 p.

LISTE DES FIGURES

LISTE DES TABLEAUX

LISTE DES PHOTOGRAPHIES

TABLE DES MATIERES

L'HARMATTAN, ITALIA
Via Degli Artisti 15; 10124 Torino

L'HARMATTAN HONGRIE
Könyvesbolt ; Kossuth L. u. 14-16
1053 Budapest

ESPACE L'HARMATTAN KINSHASA
Faculté des Sciences sociales,
politiques et administratives
BP243, KIN XI
Université de Kinshasa

L'HARMATTAN CONGO
67, av. E. P. Lumumba
Bât. – Congo Pharmacie (Bib. Nat.)
BP2874 Brazzaville
harmattan.congo@yahoo.fr

L'HARMATTAN GUINÉE
Almamya Rue KA 028, en face du restaurant Le Cèdre
OKB agency BP 3470 Conakry
(00224) 60 20 85 08
harmattanguinee@yahoo.fr

L'HARMATTAN CAMEROUN
BP 11486
Face à la SNI, immeuble Don Bosco
Yaoundé
(00237) 99 76 61 66
harmattancam@yahoo.fr

L'HARMATTAN CÔTE D'IVOIRE
Résidence Karl / cité des arts
Abidjan-Cocody 03 BP 1588 Abidjan 03
(00225) 05 77 87 31
etien_nda@yahoo.fr

L'HARMATTAN MAURITANIE
Espace El Kettab du livre francophone
N° 472 avenue du Palais des Congrès
BP 316 Nouakchott
(00222) 63 25 980

L'HARMATTAN SÉNÉGAL
« Villa Rose », rue de Diourbel X G, Point E
BP 45034 Dakar FANN
(00221) 33 825 98 58 / 77 242 25 08
senharmattan@gmail.com

L'HARMATTAN TOGO
1771, Bd du 13 janvier
BP 414 Lomé
Tél : 00 228 2201792
gerry@taama.net

Achevé d'imprimer par Corlet Numérique - 14110 Condé-sur-Noireau
N° d'Imprimeur : 105757 - Dépôt légal : février 2014 - *Imprimé en France*

www.ingramcontent.com/pod-product-compliance
Lightning Source LLC
LaVergne TN
LVHW010938061026
849535LV00007B/2458